빛 시간 그리고 생명

조성후 冥想詩集

조성후

서강대 경제학과 졸
증권회사 근무
본명 성무

서평

한없이 맑고 한없이 깊은 신성의 빛이 비추이는
질서 조화 균형의 아름다운 내적 일치를 이루는
이 세상에서 인간은 어떤 존재가 되어야 하는가?
인간은 자신의 내면에 영원하고 무한한 내면의 우주
영혼을 지니고 있다. 그 심오한 정신세계의 깊이를 얼마나
깨닫고 구현하는가가 자신의 삶의 의미를 결정한다.
내면의 신성성을 깨닫고 그 의미를 구현하는 것보다
더 중요한 일이 있을 수 있는가?
인간은 시간 안에 현존하는 존재이나
신은 영원한 현존의 영원의 존재이기에
인간은 삶의 의미를 신의 영원성에서 구해야 한다.
인간은 오직 신성의 빛 안에서 신성의 빛과 교감하는
영혼의 빛으로서 신성의 순수성과 내적 일치를 이룰 때
영원의 자유 영원의 자기 구원을 이루는 불멸의 영혼이 된다.

차 례

서평 • 2
서문 • 8
서시 • 13

1장 **자연**　　　　　　　　　　　　　　　　15

언덕에서 • 17 | 나무 • 18 | 나무 2 • 20 | 나무 3 • 22 | 나무처럼 • 23 | 봄비 • 25 | 풀꽃 • 26 | 벚꽃 • 27 | 축제장 • 28 | 시각적 상상력 • 29 | 돌 • 30 | 풍매화 • 32 | 봄과 가을 • 33 | 참새 • 35 | 숲 • 37 | 은하수 • 39 | 가을의 빛깔 • 41 | 가을 • 42 | 늦가을 • 43 | 겨울나무 • 45 | 노을 • 47 | 눈 내리는 날 • 48 | 설원 • 50 | 눈 내리는 푸른 밤 • 52 | 은빛 • 53 | 설국 • 54 | 매화 • 55

2장 **동시**　　　　　　　　　　　　　　　　57

친구 • 59 | 숨바꼭질 • 60 | 놀이터 • 61 | 무지개 • 62 | 하늘 • 63 | 자장가 • 64

3장 **신성의 빛**　　　　　　　　　　　　　67

빛 • 69 | 빛의 전체성 • 70 | 신과 신성과 신성성 • 71 | 빛의 신성 1 • 72 | 빛의 신성 2 • 73 | 빛의 신성 3 • 75 | 신의 물성과 신의 존재 • 76 | 신과 본성과 신의 존재 • 78 | 제1원인 • 80 | 빛의 정신 • 81 | 빛 안의 시간 • 82 | 영원의 강 • 84 | 시간의 신성 • 86 | 내면의 빛과 신성의 빛 • 88 | 빛의 신성과 신성의 빛 • 90 | 기적 • 92 | 책무 • 94 | 지문 • 95 | 통찰 • 96 | 영혼의 불멸과 불멸의 영혼 • 98

4장 　**영혼의 빛**　　　　　　　　　　　　　　　　　　　　　**101**

물질과 정신 • 103 | 인간과 진리 • 104 | 내면의 빛 • 106 | 영혼의 본성 • 107 | 영혼의 순수성 • 108 | 얼굴 • 109 | 영적 갈증 • 110 | 정신과 영혼 • 112 | 영혼과 영원 • 113 | 영혼의 영원성 • 115 | 다이아몬드 • 116 | 불멸의 자아 • 117 | 마음의 지문 • 118 | 영혼의 존재 • 120 | 영혼의 성장 • 122 | 영혼의 고양 • 124 | 영적 열망 1 • 125 | 영적 열망 2 • 127 | 마음의 거울 • 128 | 신성의 숨결과 영혼의 빛 • 130 | 영혼 1 • 132 | 영혼 2 • 134 | 영혼 3 • 136 | 영혼 4 • 138 | 영혼 5 • 140 | 기도 • 143

5장 　**고독**　　　　　　　　　　　　　　　　　　　　　　　**145**

고독 • 147 | 침묵 • 148 | 인간의 고독 • 149 | 고독하나 고고한 • 151 | 고독의 깊이 • 152

6장 　**시련**　　　　　　　　　　　　　　　　　　　　　　　**153**

담금질 • 155 | 울어라 그대 • 156 | 영원의 길 • 158 | 묘비명 • 159 | 숙제 • 160 | 영원성 1 • 162

7장 　**슬픔**　　　　　　　　　　　　　　　　　　　　　　　**163**

슬픔 • 165 | 슬픔의 지향점 • 167 | 존재의 슬픔 • 168 | 숲길에서 • 169 | 슬픔 너머의 슬픔 • 170 | 슬픔의 뒤 • 173 | 슬픔의 연가 • 175 | 슬픔의 순수와 신성의 순수 • 176

8장 　**사랑**　　　　　　　　　　　　　　　　　　　　　　　**179**

사랑 • 181 | 마음의 빛 • 182 | 영혼의 일치 • 183 | 영혼의 세계 • 184 | 겸손 • 186 | 징검다리 • 188 | 축복 • 189 | 경이 • 190 | 하나같이 • 191 | 사랑의 주파수 • 192 | 최고 사랑 • 193 | 영원의 사랑 • 194 | 신의 사랑 • 196 | 이 아침에 • 197

9장 소고 — 199

달관 • 201 | 합리화 • 202 | 필연적 관계 • 203 | 역지사지 • 204 | 시격 • 205 | 작고 아름다운 • 206 | 빛의 후광 • 207 | 전깃불과 별빛 • 208 | 정신과 과학 • 209 | 의미와 행복 • 210 | 1%와 99% • 211 | 순수성 • 212 | 세상 • 213 | 인류 • 214 | 자긍심 • 215 | 구원 • 216 | 순결한 영혼 • 217

10장 자각 — 219

작은 것의 소중함 • 221 | 시와 행복 • 222 | 내면의 힘이 진실을 향할 때 • 223 | 조용한 자각 • 224 | 고뇌와 여유 • 225 | 인생 • 226 | 고독하나 심오한 • 227 | 길 • 228 | 두 부류의 사람 • 229 | 깨달음 • 230 | 저울 • 231 | 비결 • 232 | 삶의 의미의 깨우침 • 233 | 지금 이 순간 • 234 | 필연 • 235 | 숨결 • 236 | 존재의 완성 • 237 | 내재적 원리 • 238 | 운명 • 239 | 진실 • 240 | 가을을 기다리며 • 241 | 진관사 소나무 • 242 | 정신의 중력 • 243 | 밑지지 않는 사업 • 244 | 의미와 무의미 • 245 | 진리 • 247 | 관점 • 248 | 자유와 구원 • 249 | 만물의 영장 • 251 | 질서 • 252 | 존재의 의미 • 253 | 자기 구원 • 255 | 불후 • 257 | 내적 일치 • 258 | 예술성과 신성성 • 259 | 창조의 순수성과 영혼의 영원성 • 260 | 수준 • 262 | 초월적 존재의 합리적 이해 • 263 | 빛과 빛 • 264 | 우주의 법칙 • 265 | 우주의 통일성 • 266 | 회귀 • 267 | 무한과 신성 • 268 | 우주의 정신 • 269 | 영원의 진리 • 270 | 시와 진리 • 271

11장 내면 — 273

내적 공간 • 275 | 마음의 창 • 277 | 마음의 중심 • 279 | 겸손과 오만 • 281 | 꽃 • 282 | 투명한 유리 • 284 | 마음 • 285 | 진정한 보석 • 286 | 내면의 신비 • 287 | 마음 성형 • 288 | 인간미 • 290 | 자신 안으로 도피하라 • 291 | 깊고 진실한 마음 • 292 | 행복의 의미 • 293

12장 고뇌　　　　　　　　　　　　　　295

촛불 1 • 297 | 촛불 2 • 299 | 순수의 노래 • 301 | 고뇌 • 302 | 단독자 • 304 | 영혼을 사는 사람 영혼을 파는 사람 • 306 | 눈빛 • 308 | 보편적 가치 • 310 | 정치가의 길 • 311 | 대선 • 312 | 진화론에 관한 의문 • 314 | 참극과 책무 • 316 | 목표와 목적 • 318 | 빛에서 • 319 | 아름다움과 죄의식 • 320 | 사랑과 영원 • 322 | 삶의 궁극적 의미 • 323 | 순례길 • 325 | 미완의 성 • 326 | 이 가을에 • 328 | 시인의 정신 • 330 | 운명의 길 • 331 | 깊고 멀리 보는 • 333 | 한의 삶과 삶의 한 • 335 | 죽음의 평등과 인간의 숙명 • 337 | 변화 • 338 | 봉정사 • 340 | 영원의 존재 • 341 | 심연 • 343 | 마음의 향기 • 344 | 삶의 의미 • 345 | 존재의 필연성 • 346 | 하우현 성당 • 347 | 숙명적 소명 • 349 | 무지 • 350 | 무한 • 351 | 합목적성 1 • 352 | 영원성 2 • 353 | 무시간적 존재들 • 354 | 안식 • 356 | 종교와 평화 • 357 | 두 가지 불안 • 359 | 생과 사 • 361 | 죽음 • 362 | 심판 • 363 | 10년 • 364 | 자기완성 • 366 | 어디론가 흘러가는 • 367 | 영원의 자유 • 369

13장 성찰　　　　　　　　　　　　　　371

큰 그릇 • 373 | 과거 현재 미래 • 375 | 의도적이라도 • 376 | 행복 • 377 | 기쁨과 슬픔 • 379 | 신과의 거리 • 380 | 정치가의 구원 • 382 | 생명 • 383 | 재벌의 고독과 슬픔 • 384 | 멀리 보기 • 386 | 결핍과 충만 • 388 | 창조 • 390 | 인공지능 • 392 | 품격 • 394 | 인간의 본성 • 396 | 부끄러움 • 397 | 명예와 불명예 • 400 | 의 • 401 | 노년의 초월 • 402 | 땀 • 404 | 인간과 별 • 405 | 근원 • 406 | 창 • 407 | 사진과 그림 • 408 | 내적 통일성 • 409 | 확신 • 410 | 시 • 411 | 직관 • 413 | 노송 • 415 | 두 개의 창 • 416 | 과학과 종교 1 • 417 | 과학과 종교 2 • 418 | 과학과 종교 3 • 420 | 과학과 종교 4 • 422 | 양자역학과 창조 정신 • 424 | 심안 • 426 | 지성과 영성 • 427 | 우연과 필연 • 428 | 공감 • 429 | 우주의 정합성 • 430 | 영혼의

거울 · 431 | 우주의 본성과 삶의 궁극적 의미 · 432 | 인식의 한계와 정신의 미래 · 434 | 인식과 이해와 판단의 문제 · 437 | 순백의 영혼 · 439 | 정신의 위대함과 위대한 정신 · 440 | 영적 주파수 · 441 | 사후 세계에 대한 직관 · 443 | 합목적적 영원성 · 445 | 빛의 시작 · 446 | 존재의 사유 · 447 | 호기심 · 448 | 보이지 않는 가치 · 449 | 빛과 시간은 정신적 존재인가 · 451 | 하늘의 거울 · 452 | 인간의 합리성은 왜 신의 존재를 멀리하는가? · 453 | 우주의 진실 · 455 | 나는 믿는다 · 456 | 존재와 영원 · 458 | 직관적 우주관 · 460 | 합목적성 2 · 462 | 시간과 공간 · 464 | 우주의 원리 · 466 | 믿음 · 467 | 종교 · 468 | 부분과 전체 · 469 | 물질은 정신의 그림자 · 470 | 신의 존재와 인간의 삶 · 472 | 섭리 · 473 | 신의 존재의 필연성 · 474 | 영원 · 476

14장 세계정부 수립 477

합리적 정의와 관련 · 479 | 인류의 본성과 관련 · 480 | 역사적 책무와 관련 · 482 | 시대정신과 관련 · 484 | 물질문명의 발전과 관련 · 486 | 과학의 발달과 관련 · 488 | 과학기술 발전의 공정한 분배와 관련 · 490 | 아이러니와 관련 · 492 | 불의의 제거와 관련 · 494 | 총체적 난국의 해결과 관련 · 495

서문

삼십몇 년 몰입했던 욕망과 죄악이 얽히고설킨 정글의 법칙이 지배하는 증권계를 떠나 물질의 세계에서 정신의 세계로 180° 사고 전환하여 새로운 삶을 살기로 마음먹었을 때 시 공부는 나의 최우선 목표였다.

인간의 정신을 고양시킬 수 있는 여러 방법 독서, 대화, 토론, 경험, 사색 중 노후에 집중해서 할 수 있는 것이 독서와 사색이고 그 두 가지가 어우러져 잘 이뤄낼 수 있는 것이 시 공부와 시 쓰기인 것 같았다.

삶에서 세상의 가시적인 가치가 주는 요인이 그렇게 중요한 것 같지 않고 진실로 중요한 그 무엇이 있을까 하는 의문이 끊임없이 떠올랐다. 세상의 중심에서 멀어지고 있는 느낌이라기보다 무언가 세상을 잘못 살고 있다는 느낌. 무엇으로부터의 결핍이라기보다 무엇인가 중요한 것을 잃어버린 공허한 느낌으로 살아왔다.

세상에 대해 생각하면 할수록 합리적이지도 이성적이지도 않으며 어쩌면 올바르지 않다는 깊은 회의감과 절망감에 시달렸.

작금의 세상의 문제는 의미 있는 고통으로 깊어지고 순수해져야 할 인간이 의미 없는 고통으로 파편화되어 가는 불의한 세상을 살아가는 데 있다.

평범한 사람이 한 가정의 가장으로서 사회적, 경제적 책임을 다한다는 게 쉽지 않은 노정이다. 그 어렵고 괴롭고 슬플 때 윤동주 시인의 「서시」와 같은 비장미 깊은 시는 나를 일으켜 세우는 원동력이 되었다. 시에는 세상이 주는 상처를 치유하고 삶을 유의미한 장으로 이끄는 보이지 않는 힘이 있는 것 같다.

모든 사물과 현상은 신성의 현시와 비현시된 신성의 경계선에 존재한다.

진리가 있다면 정신과 물질의 어떤 심오한 접점에 있을 것이기에 자연과학 공부는 중요하다고 생각했다. 시적 표현이 상상력의 산물이지만 과학적 사고의 서술이 논리적으로 보완될 때 시적 미화의 진실성이 더해진다고 믿는다.

시를 10여 년 공부해 보니 시 공부가 소중하지만 공부한다고 좋은 시를 쓸 수 있는 것도 아닌 듯하다. 시는 내가 극복할 수 없는 이해 불가능한 깊은 심연이 있는 것이 분명하다.

아마 죽을 때까지 그것과 씨름할 신비하고 심오한 심연, 결국 진실을 알지 못하겠지만 알고 싶은 욕구를 떨쳐 버릴 수 없는 그 마력의 심연을 지니고 있다.

시 공부를 처음 시작할 때 단어 하나, 자구 하나 바꾸어도 의미의 변화는 물론이고 더 아름다워지는 것을 보고 시를 잘 써야겠다는 열의와 좋은 시를 쓸 수 있다는 희망이 충만하였다.

그러나 사람이 하는 일이 항상 그렇듯 공부하며 시에 대해 조금 알게 되니 시가 두려워졌다. 몇 년 공부했으니 이제는 잘 써야 하지 않을까 하는 마음을 갖게 되며 공부하는 것이 더 어려워졌다. 후반기로 갈수록 무언가 정말 시다운 시를 써야 하지 않겠냐 하는 욕심이 들어가니 시 공부가 스트레스가 되었다.

실망감이 절망감으로 엄습하며 내면의 상상력 시적 공간의 원천이 고갈되는 느낌이 들며 회의감에 사로잡힐 때가 많았다.

내가 시에 다가간 거리보다 시가 나에게서 멀어져 간 거리가 훨씬 멀게만 느껴졌다. 그러나 기대감을 온전히 저버릴 수는 없었다. 인간은 절망의 심연에서 내면의 심원한 드러난 적 없는 빛나는 순수의 세계를 볼 수도 있는 존재이기 때문이다.

시 공부를 하고 시를 쓰는 것은 행복한 일이지만 좋은 시를 쓴다는 것은 고난의 길이요, 다른 길이라는 것을 조금은 알 것 같다.

현재 느끼고 있는 시 공부에 대한 절망감은 나에게 앞으로 인생 숙제가 될 것이다.

시 공부를 하지 않게 될 경우 그 절망감은 열패감과 맞물려 지속적으로 나를 괴롭힐 것이고 시 공부를 계속하더라도 극복할 수 없는 시련으로 나를 고통에 빠트릴 것이기에

어떻든 시 공부는 매력적이고 깊이 있고 가치 있는 일임에는 틀림없다. 깊고 원대한 존재론적 의미를 구현하는 데 시 공부보다 더 좋은 일은 없는 것 같다. 영혼을 지닌 인간은 고도의 지성에 부합하는 깊이 있는 삶의 의미를 간구해야 하는 존재일 수밖에 없다.

과학 기술이 어떻게 발달하든 물질적으로 어떤 경이로운 세상이 되든 한 인간에게 가장 중요한 가치는 자신의 영혼의 구원이다.

불멸의 영혼을 어떻게 구현할 것인가는 각자 짊어진 가장 무겁고 가장 중요한 책무이다. 인간은 자신의 내면에 신성의 씨앗이 깃들인 무한의 깊이를 지닌 내면의 우주 영혼을 지니고 있다.

그 심오한 정신세계의 깊이를 얼마나 깨닫고 구현하는가가 자신의 삶의 의미를 결정한다. 내면의 신성성을 깨닫고 그 의미를 구현하는 것보다 더 중요한 일이 있을 수 있는가?

빈약한 내적 공간 때문에 시집 한 권 쓰고 무언가 다 드러낸 것 같은, 완전히 소진된 것 같은 허전함을 느낀다.

그러나 시가 지닌 매력을 생각하면 여기서 그쳐서는 안 된다는 작은 결의도 또한 마음 한편에 가지고 있다.

향후 당분간 전국의 둘레길을 걸으며 몸을 심하게 괴롭히면서 많은 생각을 하고 마음을 다잡아 볼 생각이다.

작고 평범하고 보잘것없는 것들 속에서 충일한 기쁨을 누릴 수 있는 그 무엇을 찾아 고민들을 할 생각이다. 극복할 수 없는 세상의 어둠을 보기보다 내면의 어둠을 주시하고 그 속의 어떤 밝음이 세상을 위해 무엇을 할 수 있는가를 보고자 한다.

첫 시집을 이 세상에 내며 나의 민낯을 온전히 드러내는 것 같아 부끄럽기 그지없다. 나의 시가 읽는 이에게 작으나 두근거리는 울림과 영감을 주기를 외람되게 바라 본다.

독자 여러분의 건강과 평안과 행복을 기원한다.

서시

입자와 파동은 물질의 양면
지성과 영성은 정신의 양면

빛의 물질적인 면은 지성
빛의 정신적인 면은 영성

시간의 물질적인 면은 지성
시간의 정신적인 면은 영성

생명의 물질적인 면은 지성
생명의 정신적인 면은 영성

빛 시간 생명의 양면은 하나의 실체
지성은 알아야 믿고 영성은 믿어야 안다

1장

자연

Light

Time

and

Life

언덕에서

나지막이 드리워진 짙푸른 언덕 위에
신비스런 하늘빛 끝없이 펼쳐 있네
아! 파란 하늘보다 더 파란 마음 내 마음속에 흐르리

열기에 지친 나뭇잎 사이로
은하수가 시냇물처럼 흐르는 밤
아! 눈부신 하늘보다 더 빛나는 생각 내 마음속에 담그리

산들바람 물결치는 황금빛 들판
청명한 하늘 끝자락 붉게 물들고 있네
아! 붉은 하늘보다 더 붉은 열정 내 마음속에 솟으리

눈 속에 묻힌 언덕 환한 달빛은
고요한 세상을 숨죽여 다독인다
아! 환한 하늘보다 더 하얀 사랑 내 마음속에 안으리

나무

1
뿌리가 더 깊이 내려가는 것은
줄기가 더 높이 올라가기 위함이요
잎새가 더 넓게 자라나기 위함이다

뿌리가 더 깊이 내려가는 것은
꽃잎이 더 밝게 피어나기 위함이요
숲속이 조금 더 향긋해지기 위함이다

뿌리가 더 깊이 내려가는 것은
겨울에 봄을 기다리기 위함이요
세상을 더 좋게 만들기 위함이다

2
보이지 않는 곳에서 일어나는 일은
보이는 모든 것을 결정한다

보이지 않는 것에서 일어나는 일은
보이는 아름다움을 만든다

알지 못하는 곳에서 이루어지는 일은
현재의 모든 것을 결정한다

알지 못하는 것에서 이루어지는 일은
세상을 아름답게 만든다

나무 2

나무는 인내함으로 사랑하는 법을
침묵으로 경청하는 법을
비움으로 예비하는 지혜를 가르쳐 준다
어떤 환경에서도 의연하게
하늘을 우러르는 사람처럼 사랑의 팔을 벌린다
나무는 죽으면서 자기희생으로
당당하게 소명을 다하는 모습을 보인다
나무의 씨앗에 내재된 생명력의 원천은
그것을 바라보는 아름다운 마음의 원천과 같다
아름다움을 만들고 아름다움을 느끼고
아름다움을 실현하는 것은
같은 근원에서 오는 같은 정신적 작용이다

나무는 순수하고 창조적이며
무한의 생명력을 지닌 정신적 실체로서
그 경이로운 아름다움으로 신의 존재를 현현한다
나무의 생명력의 신비는
인간 존재의 신비와 통하고
우주의 신비와도 일치하는 장엄한 것이다
나무는 인간의 영혼의 동반자이다
인간과 나무는 서로에게 신성성을 느끼고
서로의 아름다운 정신과 더불어
대자연의 심오한 신비를 깨닫는

숭고한 투시자로서 성스러운 존재이다

나무 3

꽃눈 틔우는 지긋한 여백
황홀한 환희를 잠재우는
벅찬 가슴의 두근거리는
생명의 그지없는 숨결

하늘과 바람과
빛과 어둠 침묵들
무한의 시공 속의
순결한 시선들

하늘 향한 생명의 길
결실의 가없는 순환
빛과 시간과 공간 속의
생명의 영원한 교감

나무처럼

1
뙤약볕 하늘을 향해
솟아오르는
가지 큰 나무의 증산 작용처럼
더 높이
더 멀리
흘러 보내는
뜨거운 삶을 살고 싶다

뿌리털에 스민 작은 물방울
햇빛과 바람과
생명의 힘으로
대지를 박차고
하늘을 향해
자신만의 길을
쉼 없이 솟아오른다

폭풍에 스치고
눈비에 할퀴어도
마지막 잎새의 실핏줄에
가 닿도록
조용히
묵묵히

주어진 길을 가고 싶다

2
고독 고요 침묵의 금언을 지니고
자연의 심오한 신비를 머금은 나무는
고독 속의 내적 평안을 추구하는
사람을 닮았다

고독하고 척박하고 가혹할수록
더 아름다운 결실을 맺는 나무는
시련 속에서 훌륭한 정신으로 성장하는
사람을 닮았다

빛을 향하여 더 높이 오를수록
더 깊이 뿌리를 내리는 나무는
빛을 간구하며 내면의 깊이를 더하는
사람을 닮았다

봄비

꽃무리의 부름을 받은
실비단 같은 봄비가
부끄러운 가슴을 안고
살포시 살포시 내려앉는다

떨리는 살 떨리는
싱그러운 설레임, 상긋한 두근거림
조건 없는 사랑처럼
축복을 가져오는 봄비

놀라운 봄비는
수관을 메우고 잎새와 화관을 빛내
세상을 금빛 은빛으로 물들인다
향기를 돋우고 심장을 두근거려
생명들의 영혼을 깨운다
봄비 속에 보이지 않는
세상의 아름다움과 경이로움
생명의 진실이 씨앗처럼 살아 있다

풀꽃

눈시울 시리게 아름다운
띄엄띄엄 피어 있어 더 저미는
이름 모를 풀꽃

슬퍼질수록 더 아름답구나
선명한 빛깔의 냉엄한 고독
고통 속에 피워 내는 치명적 순수

외롭고 아름답고 향기 짙은
삶의 진실과 애처롭게 닮은
그렁그렁 눈물 같은 풀꽃

벚꽃

벚나무 꽃길 아스라이
흩날리는 연분홍 꽃잎들이
포시시한 소녀의 부끄럼같이
눈웃음 지으며 하늘거리네

눈부시게 화사한 벚꽃 무리는
보시시 들뜬 마음 설레게 하고
아득히 푸른 하늘 은빛 구름은
상긋하니 빛나고 반짝거리네

빛과 시간과 공간이 가득한
빛깔과 소리와 향기가 충만한
생명의 그지없는 황홀한 축제
인간과 자연의 순일한 일체감

축제장

살랑이는 나뭇잎 위에서 반짝이는 햇살을
여울지는 시냇물 위에서 반짝이는 햇살을
아스라이 먼 산 능선 위에 반짝이는 햇살을
보노라면 온 세상이 금빛으로 물결치는 것 같다

담장 위의 들장미 눈부신 다홍빛 꽃 무리
늦가을 외로운 억새밭의 빛나는 은빛 물결
철마다 피어나는 눈 시린 화사한 풀꽃을
보노라면 온 세상이 빛깔의 축제장인 것 같다

눈부시게 흩날리는 연분홍 벚꽃 무리 꽃향기
오월의 미풍에 실려 오는 아카시아 꽃향기
구릉지 오솔길 무리 지은 야생화 꽃향기를
맡노라면 온 세상이 향기의 축제장인 것 같다

시각적 상상력

눈에 들어온 빛은 알지 못하는
지나온 대상들에 대한 정보를 갖고 있다
인간은 그 빛깔과 형상과 명암으로
사물의 이미지와 깊이를 사유한다

소나무의 굽이치는 갈색 줄기는
살랑이는 참나무의 그늘이 배어 있고
계곡 위 군청색 너럭바위는
깊은 소의 은은한 푸른빛이 스며 있다
시냇가 늘어진 버들가지는
윤슬의 부드러운 빛을 받아 반짝이고
한없이 푸르른 하늘의 색깔은
그 아래 바다의 색깔을 담고 있다

존재하고 실재하는 모든 것을 보는 이는
그 이상의 것을 상상한다
자기만의 아름다운 은유를
상상을 초월하는 상징성을 꿈꾼다

-카를로 로벨리의 『보이는 세상은 실재가 아니다』에서 시상을 얻음-

돌

돌들은 다 떳떳하고 당당하다
절벽, 가파르고 높을수록 눈이 쌓일수록
보는 이에게 더 감동적이니
나는 얼마나 자랑스러운 존재인가
이 어려운 곳을 경배하듯 오르니 나는 얼마나 높은 존재인가
켜켜이 쌓인 눈에 짓눌려
천천히 아주 천천히 깊고 날카로운 계곡을 만들며
나는 야생화 흐드러지게 피고
나무들 길게 그늘을 늘어뜨리는
산 중턱에 한동안 살았다
계곡과 구릉과 나무들 사이사이
메아리치는 숲의 정겨운 울림
아름다운 경치를 보며 쉬었다 가게 하니
나는 얼마나 고마운 존재인가
세월이 흘러 친구들이 많이 몰려 있는 작은 시냇가
오솔길 따라 소나무 숲과 과수원이 있어
나를 좋아하는 아이들이 가끔 들르는 곳
순결한 손들이 나를 예뻐하니
나는 얼마나 사랑스러운 존재인가
다시 구르고 굴러 무수히 많은 친구들이
끝없이 펼쳐진 바닷가에 자리 잡았다
사람들은 나를 가지고 하트를 그리며 성을 쌓고
나를 덮고 더 건강해지기를 바란다
존재하는 것만으로도 죄짓지 않고 나누며 살고 있으니

난 얼마나 소중한 존재인가
작아질 대로 작아진 나는 걱정하지 않는다
우리는 다시 심연의 암흑 어딘가에서
인고의 세월을 거쳐 부서지고 뭉치고 스며들어
내부에 잠재된 세상을 움직이는 힘에 의해 다시
구름 위에 우뚝 서게 된다는 것을 알기에
단지 내가 염려하는 것은
이 세상 어디에나 널려 있는 하찮은 돌멩이 하나도
이렇게 소중한 존재라는 것을
영겁의 시간, 생사의 과정을 거친 존재라는 것을
사람들이 모르고 지나지 않나 하는 것이다
바람과 나무와 풀과 새들도 알고 있는
서로 얼마나 소중한 존재인가를
혼자서만 모르고 있지 않나 하는 것이다

풍매화

바람을 그리며 은밀히 익어 가고
바람을 기다리며 사랑을 준비하는
절망에서 희망을 노래하는
믿을 수 없는 꽃

씨앗은 어디에서 왔는가
생명의 근원은 무엇이며
아름다움은 어떻게 오는가
오! 스스로 존재하는 무엇의 한 부분인가

자신만의 답을 가지고 있는 꽃은
척박한 환경을 탓하지 않는다
볼품없고 향기 없어 벌 나비 부르지 못하지만
오직 날고 싶은 열망 하나로 승부하는
믿을 수 없는 꽃

인내의 숙명을 가벼이 견뎌 내는
필 때보다 질 때를 기다리는
그 사소함이란 실은
얼마나 아름답고 소중한 것인가

봄과 가을

봄은 다가오는 빛처럼 피어나고
가을은 멀어지는 빛처럼 스러진다
봄은 떠오는 빛처럼 따사롭고
가을은 이우는 빛처럼 차가웁다

봄의 두근거림은 빛이 환한 얼굴로
간지럼 태우기 때문이며
가을의 쓸쓸함은 빛이 뒷모습으로
그림자 지우기 때문이다

봄의 설렘은
짧은 파장의 생생한 빛이 나를 설레이고
산천초목을 설레게 하여 서로가 서로를
설레게 하기 때문이다
가을의 적막함은
기인 파장의 게으른 빛이 나를 외롭게 하고
세상 만물이 겨울잠을 준비토록 토닥거려
서로 쓸쓸히 작별 인사를 하기 때문이다

아! 이 계절들을 다 사랑할 수 있는 것은
지구가 기울어진 자전축으로

1년에 한 번씩 태양을 돌기 때문이며
그 생명과 사랑의 원천이 영원히
존재하고 있기 때문이다

참새

억새풀에 내려앉아도
잠시 흔들거릴 뿐인 앙증맞은 참새
엄지손톱만 한 것부터
제법 오동통한 것까지
천변 이쪽저쪽을 포르릉포르릉
잽싸게 옮겨 다닌다
수명이 삼사 년 정도라니
어쩌면 삼사 대가 같이 사는
한 가족일지 모른다
한참을 한자리에 서서 지켜보니
나에게 가까이 오는 녀석들도 있다
참새의 유난히 작은 눈동자는
호기심 어린 갈망하는 아기 눈망울처럼
초롱초롱하다

저들이 주고받는 재잘거림을
내가 알 수 있으면 얼마나 좋을까
처음에는 이상한 아저씨로 봤다가
지금은 위험하지 않은 사람으로 보는 것 같다
언젠가 내 머리와 어깨 손바닥에도 앉게 될지 모른다
내가 자기들을 사랑스런 마음으로
애정 어린 눈빛으로 신비스런 생각으로 대하는 것을
그 진심을 점차 뜨겁게 받아들일지도 모른다

나와 같이 폐와 심장이 뛰는 생명
나와 같이 생각하고 오감으로 느끼고
사랑의 마음을 주고받을 수 있는
눈물 어린 생명이라니
그 사랑의 원천은 어디에서 오는 것일까?
그 생명들은 어디에서 와서 어디로 가는 것일까?

숲

마음의 평안을 주는 영혼의 쉼터
도도한 푸르름의 강 사이 반짝이는 햇살
바람결에 실려 오는 원시의 향기
초록의 숨결의 싱그러운 푸르름
오감으로 느끼는 자연과의 순일한 기쁨
의식의 숲과 자연의 숲의 일체감

억년의 시간을 간직한 바위 위에
만년의 시간을 축적한 부엽토 위에
천년의 시간을 지나온 나무가 서 있다
하늘과 대지가 교감하는 그곳
원초적 생명의 새싹이 움트는 곳
태고의 순결한 향기가 숨 쉬는 곳

숲이 죽어가는 인간에게 치유력이 있는 것은
자연으로부터 온 인간의 몸의 구성 성분이
숲에서 생체 리듬을 맞추어 가기 때문이다
상처받은 영혼이 평안을 얻는 것은
시공을 초월하여 존재하는 자연의 조화로운 원리에
마음의 파동을 일치해 가기 때문이다

고독 고요 침묵이 주는 숲으로부터의 평화
자연의 본원적 속성에 순응하는 내적 평안
인간의 본성이 자연의 본성과 일치하는
합목적성이 숲에 있다
숲은 순수하고 평안하고 아름답다
인간이 자연으로 돌아가야 하는 까닭이다

은하수

사색의 문이 열리려 할 즈음
보이는 것은 무언가 나를 생각하게 만들었다

꿈결처럼 일렁이는
우윳빛 무지개

검푸른 허공을 지나
은총처럼 다가오는 별빛은
나에게 무엇인가

어디에서 어떻게 왜 시작하였을까
그리고 나는 왜 그것을 보고 생각하는 것일까
생각하는 나는 누구이고 무엇인가

지금 이 순간 1초 전에 출발한 달빛부터
138억 년 전 우주 탄생 순간의 시원의 빛까지
온 우주의 빛을 온몸으로 받고 있다
별빛은 무한의 시공의 의미를 깨우치는
신비의 사도 구원의 메신저

인생은 순간이나 온전한 우주의 빛을 받듯이
영원을 간구하는 내면의 빛은
성스런 별빛의 무한의 깨우침으로
영원의 정신세계에 이르리라

가을의 빛깔

문풍지 시린 상강 추위가
까치 울음소리의 각진 파동에서
가을 귀뚜라미의 잿빛 저음에서
선뜩선뜩 다가선다

뒤꼍의 묵은 감나무
두셋 갈색 잎만 남긴 채
남색의 마른 추위에 떨며
금빛 열매들을 남겼구나

가을의 사무친 빛깔
깊고 짙은 낙엽 금빛 붉은 열매
무엇이 그들을, 이토록 시리게 하는가
그리고 우리는 왜 그 아픔과 슬픔에
비할 바 없이 애처로이 공감하는가

가을

약해진 햇살 낮게 드리우고
첫눈이 올 것 같은 스산한 날
쓸쓸한 바람에 낙엽 스러지면
내 마음 조용히 가라앉네

가 버린 날들의 아련한 추억과
무상하게 사라져 가는 것 모두
포슬대는 몇몇의 단풍잎처럼
마음속 한편에서 소용돌이치네

낙엽이 조용히 사라져 갈 때
고독과 허무는 밀려오고
생명의 생성과 소멸의 슬픔을
자연의 존재 원리를 깨닫는다

아름다운 꽃은 열매가 되어
의미 있는 결실을 맺었으나
인생의 가을의 알 수 없는 슬픔은
무엇을 기다리는 운명이런가?

늦가을

가을날 자연이 그리는 수채화는
파이프 오르간의 초저주파
심오한 색깔과 은은한 빛이
순결한 고독에 가하는 성스러운 테러
웅장한 저음의 영적 파동
그 두근거리는 공감의 울림

단풍잎을 보고 있으면 순간순간 더 환해지며
서로 투명하게 비추이는
빛의 거울이 되어 간다
단풍 숲 지붕 아래 켜켜이 쌓인 색상의 향연
빛 오케스트라의 성스런 지휘에 맞춰 눈을 감고
반짝이는 단풍잎들의 생성과 소멸의 소리를 듣는다

나뭇잎이 고와지고 떨어질 때
열매를 수확한다
내가 낙엽이 되어 스러져 갈 때
누가 나의 열매를 수확하는가?
그 씨앗은 어디에서 어떻게 존재하고
이어지게 되는 것일까?

나무는 아름다움을 만드는 의지를
특성 그 자체를 씨앗 속에 지니고 살아간다
나의 마음속에 내재된 정신의 특성이
영혼이라는 씨앗으로 존재한다면
그 씨앗은 어디에서 어떻게 존재하고
그 의미를 실현하게 되는 것일까?

겨울나무

엉켜 있으나 다투지 않고
촘촘하나 자연스러운
나무 겨울나무
빛과 물로 자란 나무는
빛 비치듯 물 흐르듯
낮은 데로 낮은 데로 뿌리를 내리고
가지들은 하늘을 향하여
기도하는 사람처럼 축복처럼 서 있다

얼마나 많은 사람이
고요하고 기품 있는
신성성이 깃들어 있는 듯한 나무에게
감동을 받고 영감을 얻는가
별빛에 비친 가지들
언어와 상징의 기원인 듯
내면의 신비를 지니고
무언가를 나타내고 말하고자 한다

대지의 뜻을 깨달은
하늘과 바람과 빛과 비의 나무는
꽃 피우고 열매 맺으며
시인처럼 시를 쓴다

나무는 겨울나무는
허울을 벗고 의연하게
본질적 특성으로 심오하게
생의 진실된 의미를 나타내 보인다

노을

겨울나무 실가지 숲 위에서
붉게 빛나는 해가 노을 진다
중천에서 은빛으로 눈부실 때보다
훨씬 더 커진 해가
금빛으로 온 세상을 물들이며 빛난다
주위가 조금씩 어두워지며
더 강렬하게 더 순수하게
황금빛으로 아니 거대한 황금 덩어리 그 자체로
황홀하게 반짝인다
우주적 정신과 내적 일치를 이루는 파동 에너지가
이 세상에 비추이고 있다 한없이 맑고 한없이 깊이

기인 파장의 묵직한 빛이 눈으로 들어와
가슴으로 심장으로 뇌세포의 신경 돌기까지 들어와
전율을 일으킨다
원대한 정신의 중력에 이끌리는 영원을 향한 공감의 울림
미명의 잔광이 산 그림자 어스름 정적 속에 스며든다
자연의 경이에서 초자연적 경외감을 느끼는 것은
이 세상 너머 우주적 서사성
원대한 정신세계의 불멸의 씨앗
초월적 의미가 인간의 영혼에 근원적으로
내재된 까닭이리라
단지 빛과 시각이 아닌 영적 자각의 문제이다

눈 내리는 날

바람도 없는지 눈송이들이
신난 강아지 뛰놀 듯
사뿐사뿐 날아다닌다
저녁 어스름에 축복의 선물인 양
송이 눈이 하늘하늘 내리고 쌓인다
오늘 밤은 촛불을 켜고
타오르는 열망으로 눈들을 맞아야지
나의 사유의 지평이
자연의 이 경이로운 기적의
어디쯤에 가 닿을 수 있는가

눈의 아름다움은
타오르는 불꽃 사유하는 정신의
내적 순수성을 내면에 포용한다
눈은 저 바다의 심연과
아득한 하늘을 몇 번이나 오고 갔을까
타오르는 불꽃은 동굴의 일렁거림으로부터
얼마나 우리의 영혼을 혼살랐는가
내리는 눈과 타오르는 불꽃과 사유하는 정신은
내적 정신에서 그 본질적 본성에서 일치한다
상승의 열망과 하강의 신비가 주는 초월적 희열

존재의 경이로움을 열게 하는 순백의 세상
하늘까지 맑아 까막까치 울음소리 쩡쩡하다
모두가 하얗게 들떠 있고 행복하다
순수를 꿈꾸는 아늑하고 풍요로운 낭만
세계의 형이상학 세상의 제1풍경
은빛 햇살 반짝이는 순수의 세상
천상의 침묵을 깨닫게 하는 순결한 정적
현시적 신비의 묵시적 평안으로의 심원한 변이
내면의 신성을 일깨우는 원초적 평안
눈 속에 파묻힌 세상만큼 쌓이는 눈만큼 깊어진다

설원

이 세상에 내리는 눈들은
같은 눈이 하나도 없으나
모이면 다 설원이 된다

흐르면서 아름다운 소리를
나르면서 아름다운 운치를
내리면서 아름다운 세상을
아름다움을 만드는 물방울은
누구를 위한 교향곡인가
무엇으로 경이의 원천이 되고
의식의 무한을 깨우는가

눈 내리는 날
내리고 쌓여
온 세상이 설원이 되는 날
마음의 눈도
내리고 쌓여
순수의 열망으로
새벽을 맞는다

오! 반짝이는 미명의 설원이여

찬란히 떠오르는 햇살이여
아름다운 세상이여!

눈 내리는 푸른 밤

푸른 눈의 하늘에서
하얀 눈이 송이송이 내린다
하늘이 주는 축복의 선물이
향기 가득 오월 어느 하루의
배꽃처럼 하늘하늘 흩날린다

푸른 별이 하늘에서 반짝일 때
외딴 초가집 굽바자 위에도
뒤꼍 장독대 호박돌 위에도
소나무 노간주나무 가시 위에도
눈이 소복소복 쌓인다

온 세상이 설원이 되는 밤
고요한 달빛은 세상을 다독이고
깊은 생각 푸른 마음은
쌓이는 눈 속에 묻히고 묻혀
하이얀 꿈의 안식을 누린다

은빛

겨울나무 우듬지 은빛 너울
하늘나라 축제의 사도처럼
순백의 신 사랑의 선율처럼
깊은 근원에서 우러르는 빛

눈발이 자아내는 은빛 소리
침묵의 빛이 스며들어
내면의 은빛 내적 평안의
순수의 의식을 일깨운다

순은의 정적 순전한 사유
눈부신 은하수를 바라볼 때의
내면 깊이 은빛이 비추이는
초월적 상상의 자유에 잠긴다

설국

눈보라 몰아치는 심산계곡
눈꽃 쌓인 소나무 숲 멀리
묵화처럼 흰 살 돋은 겨울나무
유리창에 눈발이 희부연할 때
순백의 세상이 이 세상을 갈라
마음이 새하얗게 동화같이

화로 숯불 군밤 군고구마
빛깔과 소리와 향기가 가득한
원초적인 희열의 충만감
어스름에 스며드는 노을빛
굽이치는 잉걸불의 금빛 물결
타오르는 생명의 금빛 환희

순결한 세상의 순전한 사유
순수의 시간 지순한 침묵
생명의 의미를 관조할 때
고독 고요의 정적 뒤에 오는
비할 수 없는 아늑한 안식
영원처럼 순수하게 이와 같이

매화

오! 신비한 꽃
백 청 홍
순결하고 심오하고 화사하니
모든 아름다움을 다 지녔도다

엄동 속의 빛나는 인고의 기상
그리움이 그토록 애절하여
고통 속의 피워 내는 깊은 향기
내면의 천상의 미를 지닌 존재

오! 성스런 꽃
순수의 빛깔
황홀한 자태
영원의 향기

2장

동시

Light

Time

and

Life

친구

한 아이가
놀이터 모래밭에서
넘어져 운다

다른 아이가
모래를 듬뿍 쥐고
우는 아이 손바닥에 올려 준다

울던 아이는
우는 것을 깜박 잊고
바람에 모래를 날린다
마주 보고 같이 웃는다

숨바꼭질

할아버지와 손녀가 한 팀이 되고
할머니와 손자가 한 팀이 되어
숨바꼭질을 한다

할아버지는 손녀의 눈 딱 감은 모습에
자세를 낮추고
할머니는 손자의 입 딱 다문 모습에
숨소리를 줄인다

찾기 어려우니 웃게 할 수밖에
할아버지는 손자의 이름을 부르며 방구 뽀-옹 하고
할머니는 손녀의 이름을 부르며 방구 뽀-옹 한다
하 하 하 하 넷이서 소리 높여 웃는다

놀이터

아장아장 아가는
뒤뚱뒤뚱 걷고
언니 오빠들은
미끄럼틀 타고
술래잡기하며
깔깔거리네

밝은 햇살 반짝이는
행복한 놀이터
할머니 할아버지는
조심조심하시고
엄마 아빠의 미소는
그치지 않네

무지개

비가 개인 뒤
맑은 하늘에
무지개가 떴네
이 산에서 저 산으로
이 마을에서 저 마을로

푸르른 하늘 공원에
빨강 노랑 파랑 보라
아름다운 꽃들이
이슬 젖은 꽃처럼
반짝반짝 빛나네

하늘

하늘은 멋쟁이 화가
구름으로 가지가지
아름다운 그림을 그린다
푸른 잎의 하얀 꽃을
뛰어노는 우리들의 모습을
활짝 웃는 엄마 아빠의 얼굴을
어미 새를 따르는 아기 새들을
그리곤 한다

하늘은 요술쟁이
아침 해가 떠오를 때
세상을 반짝반짝 빛나게 한다
새들은 즐겁게 노래하고
꽃들은 아름답게 피어난다
한낮의 하늘은 눈부시게 빛나고
해 질 녘 붉게 물든 노을은
동화 속의 하늘나라처럼 아름답다

자장가

자장자장 우리 아가
나의 사랑 우리 사랑
새근새근 잘도 잔다

파란 하늘 금빛 햇살
풍요로운 세상에서
건강하게 자라다오
자장자장 우리 아가

화사하게 피어나는
정원 속의 장미처럼
아름답게 자라다오
자장자장 우리 아가

축복의 꿈 행복의 꿈
미소 가득 사랑으로
의연하게 자라다오
자장자장 우리 아가

자장자장 우리 아가

나의 사랑 우리 사랑
새근새근 잘도 잔다

3장

신성의 빛

Light

Time

and

Life

빛

한가로이 조각구름 흐르는
은빛 섬광 아스라한 하늘 가
구름을 뚫고 강렬히 비추이는
찬연한 빛살들을 바라볼 때

빛과 빛의 신성
감응하는 내면의 신성성
물질과 정신이 합일하는
영적 교감의 원형

빛이 무한 속에서
절대의 순수를 드러낼 때
존재와 무를 감싸 도는
영원의 빛 빛의 신성

빛의 전체성

빛은 모든 물질과 생명의 근원이다
물질과 생명은 다시 빛이 된다
빛은 시간과 공간을 포함하므로
빛과 시간, 공간, 물질, 생명은
전일적 내재성을 지닌다

본체계와 현상계의 반향
존재와 현상의 전일적인 속성
빛의 현시성에 따른 현상계의 실재는
정신과 물질의 이원론적인 문제 너머
본질은 빛의 전일적 전체성이다

신과 신성과 신성성

인간은 신의 존재를 증명할 수 없으나
신성의 숨결을 느낄 수밖에 없는 존재이기에
인간에게 신성성은 신의 존재를 추론하는
유일한 방법이다

신에게서 신성의 빛이 나오고
신성성을 통하여 깨달음으로써
신성의 빛에 대한 신성성의
감응의 빛은 합일한다

빛의 신성 1

빛은 자신의 속도로 움직이며
나이를 먹지 않으므로
언제나 영원한 현재이다
그것은 결국 신성의 다른 이름

빛은 점과 선과 면이고 공간이며 우주이다
빛은 우주의 끝을 넓히고 생과 사를 통하여 우주를 이루어 간다
그 모든 것을 스스로의 힘으로 대가 없이 홀로 하고 있다
그것은 결국 신성의 다른 이름

빛의 신성 2

빛은 속도로 시간과 연결되고
중력으로 공간과 연결되며
에너지로 물질과 그리고 생명과도 연결된다
빛은 우주의 모든 것과 연결되고, 원인이 되어
궁극적으로 우주의 근원이다
빛은 순수하고 창조적이며
평등하게 무한히 주어진다
빛은 신의 속성을 그대로 지니고
정신세계와 물질세계를 연결하는 신비의 존재

138억 년 전 신비하고 무한한 한 점의 빛이
대폭발하여 지금 이 순간에도
장엄하게 우주를 만들어 가고 있다
빛은 비물질적 실체로 물질을 창조한다
빛과 함께 시간과 공간 물질과 생명이 출현했으며
언젠가 그 모든 것은 빛으로 돌아갈 것이다
영원의 신비를 드리우고 비추이는 빛은
만물의 시작이요 과정이며 결론이다

밤하늘에 찬란히 빛나는 별
자연의 빛은 정신의 경이로운 샘터에서
이내 마음을 적시고 샘솟게 한다

영감의 빛을 더한 내면의 빛은
우주의 빛 속에 포함되고
그 정신 활동은 영원히 남게 된다
그렇게 자연의 빛은
내면의 빛과 연결되고 교감하며
인류의 역사 우주의 역사를 이루어 간다

영감을 얻을 수 있는 존재는 인간뿐이니
인간과 빛의 배후에 있는 초월적 정신은
연결되어 있을 수밖에 없고
그 진실이 바로 진리이다
인간의 삶은 우주의 빛에서
신성의 의미를 깨닫고 그것을 실현해 가는 데
합목적성의 위대한 의미가 있다

빛의 신성 3

보이는 것 중에서
질량이 없는 것은 빛뿐이다
빛은 비물질적 실체로서
공간과 물질과 생명의
무한의 창조의 근원으로서
영원성과 절대성을 지닌다

질량이 없는 존재가
무한의 질량을 창조하는 것은
과학의 원리 $E=mc^2$에서
빛의 속도의 제곱이라는 상수가
에너지와 질량의 매개변수로서
무한성을 부여하기 때문이다

빛이 부동의 존재라면
에너지는 질량과 동일하며
창조의 활동을 할 수 없다
정신적 존재로서의 빛은
초월할 수 없는 속도의 절대성
창조의 무한성 영원성에서
신성의 본성을 그대로 지닌 존재이다

신의 물성과 신의 존재

무인 상태는
에너지가 없는 상태이다
유인 상태는
에너지가 있는 상태이다
완전한 무는 시공까지 없는 관념적 무로서
실증적으로 증명할 수 없고
신의 입장에서 오히려 무한한 상태이다
무한의 가능성 순수성 창조성의
절대적 상태이다

세상의 모든 물질과 생명은
그 근본 구조에서 에너지 장으로 일원화된다
작은 촛불부터 별들의
생성과 소멸까지
원인 없는 에너지는 존재하지 않는다
그러므로 물질과 생명의 시원적 에너지인 빛은
우연히 존재한 것이 아니라
창조됐음이 분명하다
비존재의 존재의 원인은 창조이다

신은 시공이 없는 무한한 상태에서
순수한 의도로 빛을 통하여

조화로운 균형을 이루는 영원의 우주를
창조하였기 때문에
무한하고 순수하고 창조적이며 절대적이다
완전한 무에서
모든 것을 있게 한 그 절대적 존재를
인간은 기꺼이 믿어야 하고 그 뜻을 간구할 때
비로소 의미 있는 존재가 될 것이다

신과 본성과 신의 존재

인간은 인식하는 현상 중 신적이라고 느끼는
순수성, 창조성, 영원성, 무한성, 절대성의
다섯 가지 요인에 의해 신의 존재를 인식한다
요인들의 유사성 정합성 전체성과 그 초월성의 깊이

영원성 무한성은 물질적 실재적인 것으로
우주의 시공과 물질과 관련된 외적 요인이고
순수성과 절대성은 정신적 존재적인 것과 관련된
내적 요인이며 창조성은 내·외적 요인과 다 관련된다
문제는 외적 요인은 가시적이고
합리적 가정의 현실성을 확보할 수 있으나
내적 요인은 비가시적이고
합리적 실재성을 알기 어렵다는 것이다

인간의 역사를 선과 의의 궁극의 결과를 위한
필연적 과정으로 본다면
과정상의 부정의성과 악을 수용할 수 없는 것은 아니다
그 역사를 우주적 시간과 공간의 시각에서
합리적 추론한다면
내적 요인의 실재적 진실성은 궁극의 순수에 달할 것이다
그리하여 우주적 창조의 순수성과 절대성은
신적 본성을 지닐 수밖에 없기에

신의 존재는 합리적 당위성을 갖는다

인류의 오천 년 지성의 역사는
우주적 시간표에서 순간이며 사고의 신적 확장 없이
신의 존재를 전제하지 않는 어떤 철학적 논쟁도
공허하고 무의미하며 소모적이다

제1원인

우주의 물질적 원리가 진리로서
이미 존재하기에
위대한 발견은
예정된 필연이 된다

인간의 지성에 의해
우주의 신비와 심오함은
한 꺼풀씩 벗겨지나 그 과정은
무한히 영속되는 영원성을 지닌다

그리하여 필연의 근원으로서
제1원인인 신의 절대성이
우주의 정신적 원리로서
필연적으로 수반된다

-배철현 교수 『인간의 위대한 여정』에서 시상을 얻음-

빛의 정신

빛에 스며 있는 아득한 시간
빛과 시간의 원형
빛에 내재한 생명의 구극
생명의 누적적 현현

별빛의 너울을 보는 정신
화사한 꽃들과 찬연한 설원과
바람의 풀빛 빛깔의 파장
그 순수의 진실

빛과 빛 안의 어둠
존재와 비존재의 본질
빛의 우주는 우주의 빛을 간구하는
존재의 궁극을 구현한다

빛 안의 시간

빛 안의 시간은 무류성의 순수 결정
빛의 시간의 대서사시
공간 물질 생명의 창조는
우주의 물질적 원리이다

빛의 시간은 무한성을 지니고
우주의 광막한 무한의 공간을
작은 빛나는 별들로 유지하듯
우주를 이루어 간다

빛의 시간은 영원성을 가지고
공간 물질 생명을
생성 소멸 순환의 고리로
영원히 연결시켜 나간다

빛의 시간은 절대성을 지니고
우주의 물질적 정신적 원리의 틀로서
불변의 불멸의 불가침의
존재의 원리를 이룬다

빛 안의 시간은 존재의 원리인 신성의 빛을 발하며
내면의 빛을 깨우치는 신성성의 원천이다
모든 존재는 고유의 정신적 파동을 가지고
신성의 빛에 감응하는 빛으로서 빛나는 존재이다

영원의 강

과학이 어떻게 발달하든
신과 인간 사이에는 넘을 수 없는
비가역적 환원 불가능의 영원의 강이 존재한다
인간이 고도의 첨단 기기를 통하여
인공지능을 발전시키지만
신성의 빛과 교감하는 신의 지문이 깃들인 영혼을
모방하거나 창조할 수 없다
또한 실험 주체인 정신의 존재만으로
현상에 영향을 미치는 불확정성이 있어
과학과 물질의 궁극은
차원이 다른 문제 인식, 이해, 판단의 한계가 있다

인공지능은 사물과 현상에 대해
고도의 학습, 추리, 논증 기술을 통해
인간보다 더 정확하고 빠른 대처를 할 수 있다
그러나 인간은 경험을 통하여
과거의 누적적 시간과 공간까지 더해
복합적 통시적 창의적 감성의 상상을 한다
인공지능은 양심이 없기에
진정한 옳고 그름을 판단할 수 없다
자유의지가 없기에 기계적 물질적 진보일 뿐이며
자기희생이 없기에 감동이 있을 수 없고
도덕성 진정성 감동이 없기에 성스러울 수 없으니

삶의 의미를 구할 수 있는 정신적 가치가 없다
오히려 통제되지 않는 인간의 악마성과 과도한 능력이 결합
많은 문제를 일으킬 수 있다
눈, 손, 이, 몸 등에 고유의 신체적 지문이 있듯
인간의 영혼에는 신과 소통하는 신성의 씨앗이 깃들인
고유의 신의 지문이 있다
절대성과 빛과 시간이 스민
정신적 실체의 진실성을
인간의 능력으로 알 수 없고 창조할 수 없다
인간은 과학의 발전과 관계없이
자연의 지향성, 기적, 창조의 순수성 등
신성의 영역 안의 존재로 남을 것이다
그리하여 인간은
신성의 빛 안에서 삶의 의미를 간구하고 구현하는
불멸의 영혼 그 영원의 자기 구원을 이루는
존재여야 한다

시간의 신성

신이 시간을 창조하지 않았다면
즉 신이 시간 안에 존재한다면
절대성과 영원성을 상실하므로
신이 될 수 없다
신이 시간을 창조하였다면
신은 시간의 흐름 밖에 있는 존재로서
물질과 생명을 구속하는
절대적 창조자가 된다

신은 시간에서 자유로운
무시간적 존재이므로
언제나 영원한 현재인
영원성을 지닌다
인간에게 인류의 역사 우주의 역사는
흐르는 영원의 강이나
신에게 시간은 영원한 현재로서
언제나 동시적 현재이다

아득한 시간이 스며 있는 이 우주는
물질과 생명이 없는 시간은 존재할 수 있으나
시간이 없는 물질과 생명은 존재할 수 없기에
절대 순수의 시간은

우주의 존재의 근원으로서 전제적 필연이 된다
시간은 빛과 함께 생과 사를 이루지만
자신은 생사를 초월하여 영원 속에
초월적 전체적 통시적으로 현존하는 신성한 존재이다

내면의 빛과 신성의 빛

우주를 구성하는 가장 작은 것은 무엇이며
그것은 무한히 작은 것인가?
우주를 구성하는 가장 큰 것은 무엇이며
그것은 무한히 큰 것인가?
인간은 무한을 추론할 뿐
수리적 미시적 거시적으로
정확히 알 수 없다

과학적으로 알 수 있는 것은
인간의 정신 영역 안의 것이며
무한을 정확히 아는 것은
영원하고 절대적인 것이기에
신성의 영역이다
영원은 시간의 무한이므로 신성의 영역이다
절대성은 의지의 무한이므로 신성의 영역이다

신성은 우주의 존재의 원리로
인간의 존재의 원리를 이루는 빛이기에
인간은 내면의 빛을 통하여
신성의 빛을 간구하고 깨닫게 된다
그리하여 인간은
신성의 빛에 합일할 때 비로소

자기 구원을 이루는 영적 존재가 된다

빛의 신성과 신성의 빛

보이는 아름다움은 빛으로 이루어지고
보이지 않는 아름다움도 빛이 스며 있다
빛으로 시작하고 빛으로 귀결될
우주에 충만한 빛의 물질적 광휘에서
인간은 원대한 정신세계의 심오한
경이로움에 정신적 감응한다

빛은 우주 만물의 원인과 과정과 결과이며
원인 없는 결과 결과 없는 원인은
존재할 수 없기에 빛의 신성은
생성 소멸 순환의 과정에서
우주의 물질적 정신적 원리의 필연적 근원이 된다

아름다움은 진리이고 우주의 본성이다
우주의 크기와 깊이를 담보하는
빛의 창조의 절대성은
영원을 간구하는 내면의 빛이
신성의 심오함에 경외감을 갖고
영원성의 의미를 깨닫게 한다

자유의지의 책임과 갈망

운명의 고난과 슬픔은
삶의 진실된 의미의 깊이를 더해
우주의 서사성을 깨닫게 한다
서사의 정합성에 부합하는
무한의 영적 깊이 신성의 빛

기적

인간은 우주의 물질적 체계를
과학적으로 발견하고 논증하며
우주의 정신적 체계를
이성적으로 추론하고 이해한다
인간에게 이 전체론적인 존재의 원리를
판단하는 능력이 근원적으로 있다는 그 자체가
인간의 기적이다

인간의 정신과 우주의 구조 사이
판단 가능한 근본적 조화가 존재하는 것은
경이로움 그 자체이다
우주의 질서와 깊이에 경외감을 갖는 것은
인간의 영혼이 원대한 정신세계의
비할 바 없는 초월적 정신에
필연적으로 연결돼 있는 논거이다

인간의 내면이 합리적 이성적으로
우주의 내면의 원리를 깨달을 때
성스러움을 느낀다
성스러움을 느낄 때 가장 행복하다
인간의 영혼이 신성의 빛을 깨닫고
존재의 원리와 내적 일치를 이룰 수 있다는 것은

인간에게 주어진 기적이다

책무

빛을 발견한 사람은 누구인가
빛을 깨달은 사람은 누구인가
빛을 구현한 사람은 누구인가

시간적 공간적 물질적으로
모든 생명에게 열려 있는
모든 정신을 아우르는

빛의 진실된 의미를
알고 깨닫고 구현하는 것은
인간의 가장 깊은 책무이다

지문

물질의 질량은 그 물질의 파동 에너지와 같고
파동의 특성은 그 물질의 고유 지문이다
정신의 의미는 그 정신의 고유 파동에 있고
파동의 특성은 그 정신의 고유 지문이다
파동 특성이 다른 물질과 정신은
서로 다른 형태로 모습을 드러낸다
모든 물질과 정신은 고유의 파동에 따른 주파수를
고유의 지문으로 지닌 존재이다
인간의 정신은 물질을 관찰하고
궁극의 정신은 물질을 지배한다

물질의 존재에 관한 우주의 물질적 원리가
물질적 진리로서 이미 존재하고
그 심오함이 드러나는 과정에서
관찰하는 정신의 합목적성인 우주의 정신적 원리가
정신적 진리로서 필연적으로 수반된다
인간은 지성 이성 도덕적 내면률에 의해
영혼이라는 내면의 빛을 이루며
고유의 정신적 주파수를 갖고
절대 주파수 신의 지문에
합목적적 합일을 간구해야 하는 숙명적 존재이다

통찰

빛과 시간은 공간 속에서
어디론가 흘러간다
물질과 생명을 만들고
소멸 순환의 과정을 통하여
영원의 우주를 이룬다

빛과 시간이 없으면 공간이 존재할 수 없고
물질과 생명도 존재할 수 없다
빛과 시간은 신성의 본성을 그대로 지니고
분리할 수 없는 합목적적인 전체성의
의미를 지닌 존재이다

물성을 띠나 질량이 없는
빛과 시간이라는 정신적 존재의 출현이
공간과 물질과 생명의 근원으로서 의미가 있으나
그 존재들의 제1원인으로서 필연적 존재가
우주의 정신적 원리로 절대적 의미가 있다

우주의 시작과 과정과 결과가 어떻든
시간과 크기와 차원이 어떻든
빛과 시간의 출현은 물리적 특이점보다는

원대한 정신세계의 출현이라는
정신적 특이점으로서 더 큰 의미가 있다

영혼의 불멸과 불멸의 영혼

영혼 불멸의 문제는 신의 존재의 문제
오감으로 인식하는 문제가 아닌
이성적 추론으로 인지해야 하는 문제
우주 탄생과 진화 과정의
정향적 초정밀성 초정합성 통제된 의도의
우주적 질서 조화 균형의 주체로서
확률적 가능성이 완전성에 가까운 쪽의
지적 신뢰를 가질 수밖에 없기에
과학적으로 신은 존재한다
빛과 시간은 영원하고 무한하고 절대적이며
신의 물성과 본성인
우주의 물질적 원리 정신적 원리의 특성을 그대로 지니고
공간과 물질과 생명의 창조의 매개자가 된다
그 무한의 창조의 정신적 주체로 초월적 근원으로
논리적으로 신은 존재한다
우주의 물질적 원리가 진리로서 이미 존재하고
위대한 과학적 발견이
예정된 필연이 되는 과정에서
필연의 근원으로서 제1원인인 신의 존재가
필연적으로 수반되어야 하기에
이성적으로 신은 존재한다
신성의 빛과 내면의 빛 영혼은
전체적 통시성의 내적 순수성의 일치를 지니기에
이 세상은 영혼의 불멸을 지니고 불멸의 영혼의 토대가 된다

하늘을 우러러 하나의 결까지도 순수를 지향하는
세사에 시달려도 한 줄기 별빛에서 슬픔을 승화하는
슬픔의 순수는 신성의 순수와 내적 일치를 이루는
순결하고 성스러운 인간의 정신은
불후의 영혼이다
대자연에서 영감을 얻고
극한의 정신을 더해 완성한
시공을 초월한 예술성의 불후의 자취가
영적 파동으로 영감을 줄 때
내적 울림은 공감의 주파수를 맞춰 영감을 얻게 되어
인간은 육체의 생사와 관계없이 영적 파동을 주고받는
불후의 영혼이다
영적 열망과 구원의 의지로 이루어진 영혼은
오직 신성의 빛 안에서
신성의 빛과 교감하는 내면의 빛으로서
신성의 순수성과 내적 일치를 이룰 때
영원의 자유 영원의 자기 구원을 이루는
불멸의 영혼이 된다

4장

영혼의 빛

Light

Time

and

Life

물질과 정신

과학은 우주가 어떻게 존재하는지를 증명하지만
왜 존재하는지를 말하지 못한다
이 광막한 물질적 우주가 나라는 정신적 우주와
어떤 관련이 있으며 어떤 삶을 살아야 하는지를
전혀 말해 주지 못한다
과학이 통일장 이론을 발견한다 하더라도
정신의 영역에 의미 있는 자취를 남기지 못할 것이다
과학적 발견을 더할수록 인간은
보잘것없고 하찮은 존재라는 것을 더 알게 되는데
왜 인간은 발견의 경이로움에만 관심을 가지고
더 큰 경이로움에는 무관심한 것일까?

질량 없는 빛이 무한의 물질을 창조하듯
질량 없는 정신도 무한의 창조의 원천이다
물질은 유한하나 정신은 무한하고
물질은 순환하나 정신은 영원하다
상상을 초월하는 창조의 지성을
확인할 수 있는 신의 지문은
인간의 영혼 안에 있다
영혼의 합목적성을 간구하는 인간은
우주를 창조한 신성의 빛과 교감하고
그 의미를 실현할 위대함이 영혼의 빛으로 주어져 있다

인간과 진리

물질은 실체와 관계없는 에너지의 한 형태로
그에 상응하는 에너지와 동등하며
정지된 물체 또는 역동적 에너지다
우주의 모든 물질은 그 근본 구조에서
입자와 파동의 형태를 띤 에너지 장으로 일원화되며
에너지로서 생성 소멸 순환의 과정을 통하여
영원히 우주를 이루어 간다

정신의 궁극 진리는 지식의 대상이 아닌
인간의 지성을 초월한 존재의 원리
가장 내밀한, 존재 속의 심오한 직관을 통하여
이론적 개념과 언어를 초월한
생생한 앎으로서 스스로 체득해야 하는 것
오직 인간의 영적 에너지의 심오한 통찰을
통하여서만이 깨달을 수 있는 존재

입자이나 질량이 없는 유일한 존재
물질과 정신을 아우르는
성스러운 매개자 빛에 의해
우주는 무한한 창조성을 담보한다
물질적 에너지 장 정신적 에너지 장으로
통일적 에너지 장을 형성하는

영원성 무한성 절대성의 진리를 내재한
우주의 기본 구조에서
인간은 진리의 빛과 교감하는 영혼의 빛으로
진리의 주파수에 영적 주파수를 맞춰
존재의 고뇌 성스러운 고통의 뜻
그 진리를 깨닫고 구현할 수 있다

내면의 빛

숲속에 앉아 눈을 감으면
눈을 뜨고 있을 때보다
더 많은 것이 더 깊이 더 맑게 보인다
감각적 인식의 사유 과정이
심안적 인식의 심화 과정으로 바뀐다
주체와 대상의 경계가 사라지고
내면에서 대상의 일체화가 진행되는
물아일체의 전일적 일체성

빛이 세상을 만들고 이루어 갈 때
한쪽의 물질적 사건의 지평선
다른 쪽의 영원불변의 진리의 빛
모든 것의 원인인 존재 그 자체
질서 조화 균형의 위대함과 경외로움
필연적 존재를 간구하는 정신의 서사성
서사의 정합성을 열망하는
신성의 빛을 인식하는 내면의 빛

영혼의 본성

인간이 성스러울 때 행복한 것은
가장 깊은 정신 영혼이
참된 행복을 느끼기 때문이다

인간은 내면에서
신을 깨닫는 깊이만큼
신으로부터 신성의 빛을 받는다

영원불멸한 것과의 내적 일치감은
영원불멸의 자아인 영혼이
스스로의 본성을 찾은 까닭이다

영혼의 순수성

사람에게는 그 무엇도
범할 수 없는 내면세계의
생명의 진실된 의미
불멸의 가치가 내재한다

신성의 빛과 교감하는 내면의 빛
영혼이라고 불리는
양심의 씨앗으로 주어진
성스러운 영원의 불꽃

한없이 밝고 한없이 깊은
신성의 빛이 비추이는
내면의 깊이를 결정하는
영혼의 순수성

얼굴

얼의 꼴-얼골-얼굴
얼굴은 영혼의 모습이다
정신의 가장 깊은 뿌리 영혼은
심오한 신비를 그렇게 자연스레 드러낸다
이성의 촛불이 타오르고
양심의 소리가 메아리치는
장엄하고 경이로운 내면의 우주
고통과 슬픔까지도 삭히고 삭혀
삶의 의미를 구현하는 깊은 향기
순수를 향한 열망이 숨 쉬는
영원의 빛을 간직한 그곳
눈빛과 미소로 내면의 향기를 더하는
심오한 본성 그 자체, 성스러운 그곳
인간이 신성의 빛에 대하여 감응의 빛으로
합일하는 영적 존재인 까닭이다

-신영복 교수의 『담론』에서 시상을 얻음-

영적 갈증

목마름이 일정 기간 없는 몸은 식물인간인 상태
영적 갈증이 없다면 정신적으로 이미 죽은 상태
세상의 것에 만족하는 삶은 자기 위안의 반복이다
편리함이 일시적인 안락이 아니라면
무엇을 요구할 수 있겠는가?
영적 갈증의 간절함이 영적 열망으로 타오를 때
진실로 의미 있는 행복한 길에 들어서는 것
무엇인가를 이루고 공허함이 쌓이는 것은
내부의 원인을 외부에서 찾아
중요한 것을 잃은 까닭이다
영적 열망으로 성스러움에 가까워질수록
평안함을 느끼고 행복감을 느낀다

인생에서 중요한 순간일수록
고통이 깊어질수록
누구나 신 앞에 단독자로 서게 된다
슬플 때 비장함이 이는 것은
절대 선과 의에 대한 확신이 서기 때문이다
영적 갈증으로 목마른 아름다운 영혼은
어디에서 꽃피우는가?
고뇌하는 영혼을 어루만지는
영적 근원과 그 순수한 일체를 이루는
전일적 정체성을 자각하는 느낌보다

더 큰 행복이 있을까!

정신과 영혼

몸의 마음은 정신이고
정신의 마음은 영혼이다

정신은 독립적 개별적이고
영혼은 연결적 전체적이다

정신은 현존의 현재 인식이나
영혼은 영원한 현존의 현재 인식이다

정신이 영적 완성을 추구할 때
영혼은 우주의 정체성을 자각한다

영혼과 영원

원대한 존재론적 의미를 실현하기 위해
지고지순의 노력을 한 영혼이
욕망과 아집의 노예로 살다 간 영혼과
정신 생명의 영원의 가치가 같을 수는 없다
삶의 우주적 가치에 헌신적 매진을 한 영혼이
쾌락 추구의 일회적 삶을 살다 간 영혼과
정신 생명의 영원의 가치가 같을 수는 없다
이 세상을 선과 의를 실현하는 곳으로 살다 간 영혼과
세상의 힘을 앞세우고 죄를 짓다 간 사람의 영혼과
정신 생명의 영원의 가치가 같을 수는 없다

왜 세상은 불의로 가득 차 있는가?
불합리하고 불공평하고 부조리한 것이 진실이고
세상을 지배하는 듯 보인다
영혼의 영원의 가치를 깨닫지 못한
생의 숭고한 의미를 간과한
무책임하고 품격 없는 인간들이
세상적인 가치에 눈멀어 죄를 짓기 때문이다
세상 속의 에너지만으로 사는 자는
자신만을 위해 에너지를 다 쏟았기에
죽음으로써 모든 것이 끝난다

물질적인 실체도 유리보다 다이아몬드가 더 영원하듯
영원성에 차이가 있다
하물며 정신 생명의 영원성의 차이는
직관적으로도 느끼지 않을 수 없다
내면의 궁극의 의미 삶의 우주적 서사성
그 무한의 깊이에는 신성의 빛과 교감하는 내면의 빛
참된 자아 영혼이 존재한다
모든 인간은 자신의 영혼 안에
신성의 씨앗으로서 영원성을 지니고 있다
그리하여 인간은 자신의 정신 생명의 영원성을 위해
영원의 가치를 지닌 영적 통찰로
영혼의 영원성 자기 구원을 이루어야 한다

영혼의 영원성

오감의 흘러가는 시간이 현재이고
심안의 현존하는 영원도 현재이다

물질적으로 시간의 무한이 영원이고
정신적으로 영원한 현재의 무한이 영원이다

영원의 빛은 영원 안의 모든 것에
동시에 현재적이며
전체적 통시적 전일적으로 영원하다

인간은 시간 안에 현존하는 존재이나
신은 영원한 현존의 영원의 존재이기에
인간은 삶의 의미를 신의 영원성에서 구해야 한다

다이아몬드

진실로 가치 있는 것은
세상과의 관계에서가 아니라
자신과의 관계에서 얻어진다
정신의 중심은 자신의 내면에 있고
인간의 삶은 정신적인 행위인 까닭이다

탄소는 검댕이에 불과하나
극한의 고온 속에서 융합될 때
다이아로 탄생한다
동일한 원자이나 원자의 결정 구조가
운명을 가른다

모든 인간에게는 영혼이라는 위대함이 주어졌다
다이아가 투명할수록
굴절률이 높을수록 고귀해지듯
내면에서 신성의 빛에 대해 투명해질수록
감응의 반사율이 높아 더 빛날수록
인간의 영혼은 더 고귀해진다
물질의 보석 다이아가 빛에 반응하여 빛날수록
영원불변의 사랑의 상징으로 품격이 올라가듯
정신의 보석 영혼이 신성의 빛에 반응하여 더 찬연할수록
영원불변의 영원의 상징으로 숭고한 존재가 될 것이다

불멸의 자아

불멸의 자아인 영혼의 발전을 이루지 못하는 것은
그것이 무엇이든 삶에서 어떤 의미도 없다
영혼은 원대한 정신세계의 주체이기에
모든 것은 그 한곳으로 귀결되어야 한다

육체의 존재 여부와 관계없이 영혼은
알 수 없는 곳에서 알 수 없는 의미를 지니고 왔다
원인과 목적이 다른데 보이는 것만이
진실이라고 생각하는 것은 과학의 오만이다
자유의지를 가지고 살아가는 인간이 영속성의 담보로
과정과 결과를 책임지는 것은 합리적이다
고통과 시련의 혹독한 환경이
내면의 깊이를 더하는 성장의 기회라는 것은
지성을 넘어 영성의 큰 자취를 남긴
뛰어난 영혼들의 역사가 증명한다

인생이 육체와 물질의 향연을 위한 것이라면
그 보잘것없는 공허한 결과가
어디에 남겨질 수 있겠는가?
삶이라는 운명 위에 놓여진 제단은
저토록 위대하고 영원한데

마음의 지문

인간의 신체에는
각 부분마다 고유의 표지가 있다
미세한 차이에 의해 어떤 사람도 동일하지 않은
즉 모든 사람이 고유의 특성을 가진다는 점에서
신비하고 유의미하다
지문, 필체, 음성, 홍채 등
얼굴도 얼굴 지문으로 볼 수 있고
DNA라는 고유의 유전자 지문도 있다

육체도 고유의 특색 있는 지문을 가지는데
정신이 지닌 고유의 지문은 얼마나
중요하고 의미 있을 것인가는 명약관화하다
인류의 역사에서
도저히 이룰 수 없을 것 같은 위대함과
도저히 일어날 것 같지 않은 악마성
양극단이 있는 것을 볼 때 인간은
극단의 선과 악 정신적 스펙트럼을 가진 존재이다
천사가 될 수도 있고 악마가 될 수도 있는 마음의 지문
신성의 씨앗이 내재된 인간의 영혼

영혼의 가치를 어떻게 구하는가는 자유의지이나
인생의 가장 소중한 것들은 결국

성스러움에 대한 깊은 열망에 의해 이루어진다
신성의 빛과 교감하는 영혼의 빛
서로의 내면의 거울에 비추이어
영적 주파수를 맞추어
인간은 자신의 삶의 가치를 진실로 고양할 수 있는
숭고한 존재이다

영혼의 존재

육체와 함께 오기 전에도 사후에도
영혼의 존재가 분명하면
원대한 정신세계는 존재하는 것이다
수많은 전생, 환생, 임사 체험을 통하여 실증이 되나
논리적 추론을 통하여도 분명하다

우주의 물질적 원리의
초정밀성 초정합성 통제된 의도 등에 의한
질서 조화 균형의 근원으로써
우주의 정신적 원리는 논리적 이성적으로 사유된다
우주의 정신적 원리에서 신성의 빛이 나오고
인간은 영혼의 빛을 통하여 깨달음으로서
신성의 빛에 대한 감응의 빛으로서
합목적적 합일한다
인간의 내면에서 빛나는 도덕률
양심이라 불리는 내면의 소리는
지식 이성 의지와는 관계없이 솟아오르는
신성의 씨앗이 깃들인 성스러운 영혼의 소리이다

이 세상에서 양심의 거울에 비친 영혼은
저 세상에서 신성의 거울에 비친 영혼이다
이 세상과 저 세상의 구분은 물리적 구분일 뿐

우주의 배후에 있는 원대한 정신세계의
영적 자아는 어디에 있든 동일한 영적 존재이다

영혼의 성장

살아 있는 모든 것은 의식을 지니고 있으나
영혼을 의식하며 사는 것은 인간뿐이다
마음속의 빛나는 도덕성의 본질은
영혼이라는 비물질적인 실체로서
영혼은 신성성과 교감하고 합일하는
성스러운 존재이며
물리적 상황과 관계없는
정신세계의 영원성을 지닌다

인간은 자신의 영원성을 믿을 때
삶이 경건해지며 순간순간을 소중하게 생각한다
인간은 이 세상에서 갈망했던 어떤 것이라도
그것이 이루어졌을 때 만족할 수 없는 존재이다
진실로 원하고 만족할 수 있는 것은
영혼이 존재할 영원의 정신세계에 있기 때문이다
삶을 마감할 때 행복했던 기억보다
성스러운 것에 대한 헌신과 고난을 통해 성장한
자신의 영혼에 더 자긍심을 가진다

이 세상에 의미 없는 존재는 무수히 많으나
목적 없는 존재는 존재하지 않는다
무엇에도 침해될 수 없는 가장 중요한 것을

발전시켜 가는 것보다 소중한 것은 없다
무한의 시공 속에서 자신을 직시한
의미 깊은 영혼이 가치 있는 역사를 이룩했다
인간의 삶에서 가장 중요한 것은
영혼의 성장을 통한 영원성의 담보이다

영혼의 고양

세상에는 두 부류의 사람이 있다
선한 영혼으로 태어나 악한 영혼으로 죽는 사람
선한 영혼으로 태어나 더 선한 영혼으로 죽는 사람
전자는 인생을 탐욕과 쾌락의 과정으로 생각하여
자신의 진정한 가치를 소진한 사람이고
후자는 인생을 내면을 확장하는 과정으로 생각하여
자신의 진정한 가치를 고양시킨 사람
영혼은 신성과 교감하는
영원한 가치의 원리를 깨닫는 인간의 고귀한 정신
은총의 씨앗으로 스며 있는 영혼의 가치를 어떻게 인식하고
추동하는가에 따라 삶의 의미가 결정된다

행복만을 추구하다 보면
진정한 행복이 따라오지 않으나
성스러움을 좇아가면
행복이 진실로 함께함을 알 수 있는 것은
인간의 진실된 의미가
성스러움과 본태적으로 연결되기 때문
과학과 물질의 발전이
선과 악의 경계를 넘나드는 혼돈의 시대
자신의 영혼을 고양하는 일은
행복한 일이고 성스러운 일이며
삶의 진실된 의미를 실현하는 일이다

영적 열망 1

성스러운 영적 열망으로
신의 영역에 가까워질수록
안전함을 느끼고
신의 본성에 가까워질수록
행복감을 느낀다

슬플 때 비장함이 이는 것은
절대 선과 의에 대한
확신이 들기 때문이다
슬픔으로 정화된 순수보다 더
신성의 순수에 가까운 것은 없다

극복할 수 없는 고통과 시련의 뒤
의식의 편린들이 사라진
생명의 그림자도 없는
공허한 정신의 가없는 경계의 끝
전체를 아우르는 완전성이 있다

육체를 지닌 인간은
생로병사의 고뇌와
삶의 무게를 지녀야 하는 존재이나

그 본질은 영원 무한의 시공 속에서
순수의 절대성을 간구하는 영적 존재이다

영적 열망 2

과학은 영역을 넓히고 깊이를 더할수록
정신의 위대함을 깨닫는 도구가 된다
초정밀함과 복잡성의 뒤에
창조의 절대미가 있다는 것을 알게 한다

인간의 지성에 의해 발견되는
정치하고 심오한 물질적 원리는
인간의 수학적 사고를 초월하는
초월적 질서의 정신적 원리

밤하늘의 빛나는 별을 보며
무한의 시공에 대한 경외심과
경이로운 아름다움에서 느끼는
깊은 울림은 어디에서 오는 것인가

근원을 알 수 없으나 쉼 없이 솟아나는
영원을 향한 가없는 갈망
절대적 순수를 향한 순전한 사유
원대한 정신의 중력에 이끌리는 영적 열망

마음의 거울

이 세상에서 영혼은
양심의 거울에 비추어 삶을 이어 가고
저 세상에서 영혼은
신의 거울에 비추어 삶을 이어 간다
그리하여 이 세상 속의
선과 의를 향한 순수의 열망은
신의 거울에서 순수의 결정이 된다

식물이 생태계에서 결실을 맺기 위해
굴광성(屈光性)이 필연적으로 요구되듯
인간이 정신세계에서 결실을 맺기 위해
굴신성(屈神性)이 필연적으로 요구된다
인간은 어떤 경우에도 사랑함으로써만이
양심의 거울과 신의 거울에 비추어
선을 행하는 것이다

신성의 씨앗이 깃들인 인간의 영혼은
신성의 빛에 대하여 감응하는 내면의 빛으로
끊임없이 신성의 거울에 비추어 닮아야 하는
온 생명으로 합목적적 합일을 간구하며
자기 구원의 길을 가야 하는 존재이다
나아가 저 세상에서 신의 거울 앞에

단독자로 서야 하는 숙명적 존재이다

신성의 숨결과 영혼의 빛

모든 사물과 현상은
느낄 수 있는 신성의 숨결과
알고자 하는 신성의 빛 사이에 존재한다

아침 햇살의 평화
빛 기온 기압 바람
중력 대기권 자전 공전
물과 공기의 순환
대륙의 이동 바다의 신비
미생물 곤충 식물과 동물
생태계의 복원력과 진화
초식동물을 거부하지 않는 식물
서로의 결실을 위해
산소와 이산화탄소를 주고받는
식물과 동물의 신비한 균형
우주 상수에 의한 우주 구조의 경이로운 조화

비물질적인 빛과 시간에 의한
이 광막한 물질적 우주의
생성과 소멸 순환의 영원성
이 무한한 우주의
질서 조화 균형을 이루는 절대성

절대자를 직관하는 인간의 이성
신성의 빛에 대한 감응의 빛으로
합일하는 영혼의 빛

영혼 1

인간의 정신은 자유의지, 이성, 영혼
세 부분 집합체다
자유의지는 인격적 행위와 그 책임이고
이성은 지성을 통한 합리적 사고이며
영혼은 신성의 빛과 교감하는 내면의 빛이다

인간의 몸과 뇌는 100조 개의 세포의 집합체이며
모든 세포의 작동 원리를
과학으로 완벽하게 설명할 수 있음에도
정신세계의 극히 일부분만 알 수 있다
정신은 과학적 현실 세계뿐만 아니라
초월적 영원의 세계와도 연결된 까닭이다

보이지 않는 가치의 원리를 깨닫는 것이
보이는 가치를 얻는 데 유리하지 않으므로
(보이는 가치를 쉽게 포기할 것이므로)
어떤 과학자들이 주장하듯 생존에 유리하지도 않다
결국 인간의 정신에서 영적 부분은
진화의 대상도 아니고 진화로 이루어지지도 않았다
영혼은 생명과 함께 뜻있게 성스럽게 주어진 것이다

인간의 영혼은
신성의 원리와 교감하는 내면의 원리로
선과 의를 향한 지고지순의
영원성의 삶의 의미를 구현할 때
영원의 가치를 지닌다

영혼 2

인간이 영혼을 지닌 존재인 것은
슬픔이라는 그 아픔의 뜻을 통하여
성장할 수 있는 고귀한 정신을
생명체 중 유일하게 지녔기 때문이다
슬픔은 삶의 의미의 깊이를 더하기 위해
요구되는 필연적 과제
사유의 지평선 아래 내재한 성스러움은
슬픔이라는 내면의 정화 작용을 통해
순수성과 진정성의 깊이를 담보케 한다

고도의 의식 능력이 없는 생물 세계는
우월적 생존을 지향하는 유전자가
생명의 본질을 지배하는 체계이다
인간에게 진화는 유전자를 통하여
생물학적 변화를 하는 부분도 있으나
독립적이고 독창적인 정신적 행위는
유전되거나 진화적 성질의 것이 아니다
인간이 오감을 통해서 얻을 수 있는 것은 지엽적인 것
삶의 의미와 핵심은 영혼의 자각을 통한 깨달음으로
영혼은 진화와 무관하다

인간은 육체적 진화와 관계없이

독립적인 사유의 주체로서
그 본질에서 영혼의 깨달음만이 영원성을 지닌다
참회와 기도, 헌신과 희생, 담대한 계획도
인간만이 오직 인간의 영혼만이 할 수 있는 일
생물학적 유전자는 필요에 따라 변하는 것이 본질이나
변하지 않는 가치의 원리를 깨닫는 영혼의 깨달음은
영원성이 본질이다

영혼 3

과학 지상주의는
생명력과 의미를 보지 않고 물질 자체만을 논한다
의미 없는 가루가 아니라
한 알의 밀알을 끝없는 밀밭을
스치는 바람과 흐르는 구름을
파아란 하늘과 빛나는 별들을
이 아름다운 것들의 영원한 진실을
인간과 우주 사이의 차원 높은 의미를 알고 싶다

수학과 과학이 세상을 증명할 때
그 합리적 원칙에 공감하나
그럴수록 정신적 갈증은 더 커져만 간다
그렇게 정교하고 훌륭하며 심오하기까지 한
과학적 원칙은 어디에서 왔으며 왜 존재하는가?
어떻게는 왜를 전혀 알게 하지 못한다
인간의 정신이 과학적 원리를 추구하고 증명할 때
인간의 영혼은 그 이면의 존재의 원리를 깨달아야
하는 숙명이 있다

영원한 가치의 원리를 깨닫고
아름다움의 진실을 알고 싶은 영혼은
신성과 교감하는 인간의 숭고한 정신이다

신성의 본질은 절대성 영원성으로
그 본성에서 순수성이 변할 수 없다
깨닫는 인간의 마음이 변할 뿐이다
영혼이 깨닫는 존재의 원리는
원래부터 존재한 불변의 절대적 진리이다

영혼 4

육체에서 오감으로 느끼고 오감으로 느껴지는 것과
정신에서 깨닫는 것과 깨달아지는 것은 동일한 원리이다
그것은 상상력의 허구적 소산이 아니라
정신의 실제적 결과물이다
이 세상에서 정신으로 존재하고
다른 세상에서 영혼으로 존재할 때
현재의 깨어 있는 정신 활동은
의미의 영원성을 보편적으로 가지게 된다

진화론자는 진화가 변이와 자연선택을 통하여
유전자가 발현하는 과정으로
인간은 이기적 유전자의 복제 요구를 수행하는
생존 기계라고 주장한다
그것은 본능적 욕구만을 가진
인간 이외의 생물에게 적용될 뿐인
인간의 정신세계의 깊이를 폄하한
편협하고 이기적인 논리이다
인간은 이기적 유전자의 포로가 아니고
자유의지를 갖고 삶을 통제하며 살아가는 존재이다
운동선수는 오랜 훈련으로 근육을 강화하며
유전자를 통제하는 근세포를 바꿔 자기 성취의 길을 가고
정신 수양자는 오랜 명상으로 생각의 힘을 키워
유전자를 통제하는 뇌세포를 바꿔 자기완성의 길을 간다

유전자가 인간을 통제하는 것이 아니고
인간이 유전자를 통제한다

인간은 보이지 않는 변하지 않는
영원한 가치의 원리를 애틋하게 간구하는
숭고한 정신의 영적 존재이다
영혼은 이 세상과 저 세상을 이어 주는
원대한 정신세계의 메신저이며
모든 것의 근원인 완전한 그 정신세계의
신성한 결실을 위한 성스러운 씨앗이다

영혼 5

불후의 예술 작품에서 세상 너머의
영적 광기를 보고
선과 의를 향한 영적 열망의
순교자 정신과
인류 역사의 도도한 중심 정신의
비범한 정신에서
영원히 빛나는 영혼의 존재를 느낀다
정신이라 불리는 영혼의 일부는
지금 이 시간을 살고 있지만
우주의 불변의 정신적 원리에 천착하는
차원이 다른 열망의 다른 일부는
영원의 정신세계에 존재한다

인간은 미래의 전략을 세우고
가치 있는 것을 실현하고자 한다
나이 들며 점차 영혼의 존재를 믿고
사후의 세계에 대한 진지한 고뇌를 한다
자신을 비우고 금빛 열매를 맺는
가을의 과목처럼
세상을 향한 마음을 비우고
영적 열망으로 충만하는 자세를 견지한다
영혼은 신성의 빛과 교감하는 내면의 빛으로서
신을 향해 열려 있는 창이며

영감을 얻고 그 의미를 실현하는
인간의 비할 데 없이 숭고한 정신이다

세상으로부터 상처받고 고통 속에 헤매일 때
자신을 깊게 돌아보게 되고 진지한 마음으로
원대한 존재론적 의미를 간구한다
나에게 왜 이런 고통과 시련이
'왜! 나일까?'라는 부정적 관점에서
'나라고 안 될 이유가 있는가?'라는
진지한 자세를 갖게 되고
자신의 고통이 자신의 삶에 주는 의미를
깊게 성찰하게 된다
그 시련을 온전히 받아들이고 극복하는 과정에서
그 뜻을 통하여 영적 깊이를 더하고
영적 성장을 이루는 자신을 깨닫게 된다

인류의 장구한 역사에서
삶의 의미를 추구한 깨어 있는 선각자들은
한결같이 영혼의 존재와 원대한 정신세계의
영혼의 영속성에 대해 설파했다
물질세계의 발전과 관계없이
인간의 정신은 영원한 정신세계의 한 부분이며

신성의 씨앗이 깃들인 영혼을 지닌
성스러운 존재이다
그리하여 인간의 궁극적 삶의 의미는
영혼의 근원인 신의
신성의 빛과 교감하는 내면의 빛으로서
자기 구원을 이루는 데 있다

기도

주님 저의 참된 모습 가장 깊은 죄를 보게 하소서

저의 작은 목숨을 언제든 거두어 주소서
그러나 주님이 주관하는 원대한 정신세계의
한 부분임을 기억하게 하소서

기도를 통하여 온 우주가 하나가 되고
순전한 내적 일치를 이루어
사랑이 가득한 세상이 되리라 믿습니다

풀잎 하나에서 하늘의 별까지
서로에게 빛이 되는 존재임을 또한 굳게 믿습니다
영원의 빛을 간구하는 소명의식을 갖도록 하여 주소서

제가 겪는 고통이 주님의 의지의 표지임을 느낍니다
시련과 고통 속에서
주님의 사랑의 거울이 더 빛나는 것을 보는
순결한 영혼이 되도록 하여 주소서

저의 작은 사랑의 씨앗이

세상의 슬픔과 함께 결실을 맺어

영적 씨앗을 예비하는 성스런 마음의 빛을 이루게 하소서

5장

고독

Light

Time

and

Life

고독

슬플 때 유의미함을 찾고자 하나
세상은 이것을 우울증이라 하네

밀려오는 슬픔을 허무감으로 치부하기는
내 작은 자존감도 허락지 않네

슬픔 뒤에 아무것도 없다면
인생이 기쁨만의 굴레라면
갈증은 더해만 가리

진실로 구하는 것이 이 세상에 없으니
한 번뿐인 삶을 어찌해야 하리

혼돈이 꿈꾸는 세상에서
순수의 가치를 구하고자 하나
잿빛 시간의 타는 마음은
밤을 견디는 어스름 같네

침묵

침묵은 말 없음이 아닌 말의 비움
더 깊은 존재감과 깨우침을 일으키는
응답에 귀 기울이는 성스러운 고독
내면의 빛을 밝히는 순일한 불꽃

침묵은 참된 앎을 트이게 하는 정적
침묵 속에 위대한 긍정이
깨달음의 미소가 있고
인구에 회자되는 은유가 있다

침묵은 무지의 변명이 아니고
공감의 힘이 진실성을 가지고
깊은 존재론적 의미를
생명계의 씨앗처럼 내재한다

침묵은 마음의 근원과 대화하는 창
고독의 중심에서 느끼는 일체감과
신비의 내면에서 오는 영적 충만감
심오한 진실의 힘을 열게 하는 창

인간의 고독

고독은 외부의 문제가 아니라
내부의 문제이다
타인과의 관계에서 오는 외로움이 아니라
진정한 자아와의 괴리의 문제이다
고독은 받아들일 때 자기 성찰의 시작이 된다
자유를 얻고자 함은 세상의 자유를 초월하는
자신만의 내적 자유를 얻기 위함이다
인간의 고독은 해결할 문제가 아닌
내면의 깊이를 더하고 내면의 소리를 듣기 위한
주어진 기회인 것이다

풍요롭고 명예롭고 건강할 때
진실과 마주하는가?
그것들은 아름다운 화원의
웃자란 가시넝쿨 울타리 같은 것
가능성의 주체는 자신이므로
고독할수록 내면에 충실하여
근원 의식과 합일하는 진정한 행복을 찾아야 한다
내부의 문제는 깨달으면서 해결해 갈 수 있으나
외부의 문제는 노력할수록 복잡해지고
마음을 어지럽힐 뿐이다

인간의 고독은 자아로부터의 괴리이지만
더 큰 고독은 신성으로부터의 괴리이다
인간은 신성의 씨앗이 깃들인 영혼의 가치를
고양해야 하는 숙명적 존재이다
육신은 생사의 영역이나
정신은 생명의 영역으로
소멸을 초월하는 힘을 갖고
정신으로 이어지는 생명의 순수성
신성으로 이어지는 생명의 영원성을 지니는
무한한 가치의 영역이다

학문 예술 종교 역사를
이루어 온 인간의 시간
그리고 우주의 아름다움과 무한의 시공과
도덕률 같은 정신적 영역
그 모든 것들 속에서 질서 조화 균형의
통합을 이루는 초월적 존재
인간은 영적 존재로서 우주의 일원이라는 점에서
위대한 의미가 있을 수밖에 없다
고독한 영혼의 고독한 성찰이
영적 통찰에 이르게 한다

고독하나 고고한

고독하나 고고한 자가 되라
외로우나 내적 힘을 가진 자가 되라

경계를 그리는 사람이 아닌
경계를 넓히는 사람이 되려면
고독해야 한다

시류에 영합하는 일은
세상을 관조하는, 여유와 통찰의
시대정신을 보지 못하게 한다

고독하지 않으면
높은 이상과 영감을 얻을 수도
그것을 실행할 용기도 가질 수 없다

고독한 고뇌 끝에 얻은 신념은
그 진실의 깊은 힘으로
고고한 사명을 완성하는 원동력이 된다

고독의 깊이

심오한 과학적 원리, 수학적 난제, 학문적 영감은
오직 그것을 위한 집중된 고독하에서
무의식의 경이에서 오는 영감 신비한 창의의 힘을 드러낸다
인류 문명의 역사는 집중된 고독으로
천재적 직관의 결실을 이룬 이들에 의해 이루어져 왔다

고뇌와 성찰은 내면의 깊이를 더하는 최선의 수단
자발적 고독 속의 심원한 고뇌와 성찰은
진실한 삶의 의미를 깨닫게 하고
생명의 환희, 삶의 충일한 내적 일치감,
충만한 고독의 풍요를 누리게 한다

슬픔과 시련의 뜻을 통한 냉엄한 고독은
인간의 운명적 고뇌 구속의 성스런 고통
영혼 속에 존재하는 영원의 진리인
합목적적 영원성의 삶의 의미
성스런 고독의 상태로 이끈다

6장

시련

Light

Time

and

Life

담금질

대장간의 모루 위에서
망치의 담금질을 극복한
불순물을 없앤 쇠붙이는
강한 쇠로 다시 태어난다

세상이라는 모루 위에서
시련의 담금질을 극복한
강렬하고 순수한 정신은
세상을 아우르는 빛이 된다

울어라 그대

울어라 그대
우는 것은 부끄러운 게 아니다
케케묵은 마음의 때를
눈물로 말끔히 씻어 내라
눈물이 눈물을 부르는 것은 긍정적 신호
같이 울어 줄 사람을 기대하는 것은
아직도 나약하다는 증거, 혼자 울어라
울어라 그대 실컷 울어라

세상에서 받은 아픔
사람에게 받은 상처
알 수 없는 어떤 울분
자신에 대한 실망감
모두 그대의 것이다
분노의 찌꺼기는 없어지고
순수한 열정만 남을 때까지
울어라 그대 원 없이 울어라

부부, 자녀, 친구, 아무리 가까워도
내 눈물의 원인의 한 부분일 수 있어도
내 영혼의 아픔의 공유자일 수 없다
내가 나를 알 수 없지만 나는 나일 뿐이다

인간의 마음은 보석이 섞인 광맥 같은 것
불순물을 스스로 씻어 낼 수밖에 없다
순수하게 빛나는 마음의 보석만 남도록 씻어 내라
울어라 그대 후련하게 울어라

마당에서 울지 말고 골방에서 울어라
어둠 속에서 흐느껴 울어라
산속에서, 눈밭에서, 파도 앞에서 실컷 울어라
그대 울어라 실컷 울어라

영원의 길

평온한 시간을 보낼 때 현실에 안주하나
길게 보아 그것이 의미 있다고 생각되지 않는다
고난의 뜻을 통하여
시련을 극복하는 정신에서
깊고 진실된, 진정한 자아를 깨닫는다
고난을 겪을 때 절박한 간절함이
내면의 성스러운 능력을 극대화한다
주어진 것을 소진하는 것이 아닌
무엇인가를 이루어 간다는 완성감을 갖는 까닭이다

자연의 조화와 아름다움 그 순수한 일체를 향한
존재의 구극을 파고드는 초월적 예술성
생명현상, 빛의 광휘, 별들의 운행처럼
신비 가득한 이 세상에서 인간은
자신의 존재의 위기의식을 어떻게 깨달아야 하는가
초월적인 아름다움과 경이로움에 헌신하는
죄의식으로 깊어진 순결한 영혼이
삶의 우주적 정합성 그 영원의 합목적성을 추구할 때
영원의 자기완성의 길을 가는 것이리라

묘비명

빛에서 와서
빛으로 사라진
이두움

숙제

인생은 정답은 없으나
그 의미를 찾고자 하는 과정이
해답을 결정하는 구조이다
선생님이 숙제를 내 주었다
학생들이 풀기에는 고통스러운
그러나 분명히 깊은 의미가 있는
정답은 알 수 없으나 수많은 방법으로
해답에 근접함이 가능한 문제였다

숙제를 내 준 것조차 잊어버린 학생
숙제에 관심이 없는 학생
숙제를 제출조차 하지 않은 학생
바빠서 하지 못한 학생
풀려고 노력한 흔적이 없는 학생
조금 하다가 만 학생
한 흔적은 보이나 성의가 없는 학생
정성을 다해 풀려고 한
고심의 흔적이 보이는, 해답에 근접한 학생 등
수많은 부류의 학생이 있었다

신은 인간에게
왜 사는가 하는 숙제와 함께

자유의지와 영혼을 불어넣었다
해답에 근접하기 위해
고통의 뜻을 통하여 치열한 고뇌의 삶을
살아야 하는 이유이다

영원성 1

이 세상의 고통과 슬픔과 고난에서
인간은 영원성을 얻는다
진실의 순간은 행복할 때가 아니라
시련을 극복하는 과정에서 주어진다

욕망의 숨결이 거세질 때
욕망을 억제하는 고통이 클수록
지적 영감과 깨달음 예술성은
영원성의 깊이를 담보한다

존재의 슬픔 세상의 슬픔
슬픔의 순수는 신성의 순수
궁극의 정신으로 진실의 순간과
마주하는 불멸의 영혼

자유의지와 무한의 책임
고난의 뜻을 통한 우주의
정체성을 자각하는 영혼은
영원성의 깊이를 담보한다

7장

슬픔

Light

Time

and

Life

슬픔

기쁨과 슬픔으로 얼룩진
내 인생의 수레에서
슬픔만을 데려가고 싶다

안으로 안으로 삭힌 눈물의 흔적들을
하나하나 응결시킨 슬픔의 알맹이들을
전리품처럼 자랑스러이 내보이리라

세상은 힘들었으나 슬픔을 지켜 내기 위한
고뇌가 있었기에 가치가 있었다고
당당하게 이야기하리라

탐욕으로 일그러진 세상에서
온전히 자기 몫으로 낮추는
약한 이들은 생을 멀리 보며 살아간다

죽음이 가까이에 조용히 다가올 때
온갖 회한이 소용돌이쳐도
마지막까지 놓고 싶지 않은 슬픔의 줄기

빙하의 기저에 자리한 태고의 얼음처럼
장엄한 생명계의 순환에도 신선함을 잃지 않는
순수 그 자체

보석처럼 반짝이는 마음의 빛 너머
진실한 내면세계가 있으리라

슬픔의 조각들을 맞추기 위해
절망의 심연을 헤매인
내 영혼의 부스러기들을 모아야만 한다

슬픔은 괴롭지만
슬픔보다 순수하고 슬픔보다 진실된 것은 없다
오로지 온전히 나의 것일 수밖에 없기에
그 슬픔과 함께 가고 싶다

슬픔의 지향점

온 세상에 슬픔이 없는 사람이 없다
인간은 날 때부터
피조물로서 숙명
영혼의 소유자로서 소명
극복의 대상으로 운명을 지닌 존재
신이 슬픔을 평등하게 분배한 것은
깊은 뜻을 알게 하기 위해
기회의 균등을 주고자 함이며
눈물의 정화 의식이 필요하기 때문이다
그리하여
모든 사람이 지닌 존재의 슬픔은
극복할 수 없는 시련이 아닌
내적 성장의 기회로 의미의 지향점이 된다

존재의 슬픔

세상의 모든 것이었던 것이
한순간에 사라지는 것은
존재의 무를 통하여 존재의 유를
깨우치기 위함이다

아름다움이 순간이며
만물이 순환의 신비를 갖는 것은
진리의 영원성의 위대함을
알도록 하기 위함이다

슬픔 없는 인생이 없는 것은
슬픔을 통하여 삶의 더 깊은 의미를
슬픔을 안은 사랑의 진실함을
깨닫도록 하기 위함이다

무한한 세계의 유한한 존재로서
순간순간이 영원성의 의미를 아는 과정이기에
인생은 죽는 순간까지
숙명적 존재의 슬픔을 지닌다

숲길에서

희망의 노래를 애절하게 노래하는 이는
희망을 노래하는 것인가, 절망을 노래하는 것인가
선율은 더 이상 흐르지 않고
가지와 잎새에 스며드는데
슬픔은 차가운 이슬처럼 내리고 쌓이네

그윽한 눈으로 하늘을 바라보는 이는
아름다움을 즐기는 것인가, 절망을 헤매이는 것인가
흰 손 위에 별뉘가 비추이고
오랜 침묵만이 자리하는데
가없는 사념들 구름처럼 멀어만 가네

아무도 가지 않는 눈길을 걸어가는 이는
호젓함을 즐기는 것인가, 살얼음을 에이는 것인가
잔설에 가지들 야위어 가고
마른 풀잎 외로이 서걱이는데
슬픔은 눈꽃처럼 쌓여만 가네

슬픔 너머의 슬픔

1
발달 장애 아이를 안고
앳된 엄마가 고층 아파트에서
뛰어내렸다
그녀의 마음보다
더 슬픈 것은 무엇인가
더 절망적인 것은 무엇인가
더 극한적인 것은 무엇인가

지금 우리 모두는 떠나고 싶은 세상을
만드는 데 일조하고 있다
다 완벽해야 하고
강해야 하고
승자가 되어야 하는 세상
이 세상은 최후의 한 사람만 남도록
운명 지어진 것인가?
우리는 죽지 못해서 살고 있는가?
살지 못해서 죽고 있는가?
아님 둘 다인가?

운명이 운명으로 이해되고
받아들일 수 있는 세상
마음 깊은 세상

다른 사람의 아픔이
나의 슬픔이 되는
슬픔 너머의 슬픔까지
온전히 지켜 낼 수 있는 세상

2
오! 슬프구나
그 깊고 진실된 사랑이
어이하여 실현되지 못하였는가
생명이 고통으로 넘실거릴 때
아름다운 영혼은 어둠을 드리우고
생명의 여신을 운명처럼 잠재웠는가

왜 천상의 선과 의는
이 세상에서는 실현이 되지 않는 것인지
시험의 고통이 경계선에 이른
무의미의 지평에선 인간의 절규
이 세상에서 이루지 못한 사랑은
그 순수하고 숭고한 내면의 빛은
저 광막한 우주의 별들처럼
보이지 않는 영원의 정신세계에서
보석처럼 반짝이는 별이 될 것이다

순결한 영혼들이
조용히 알 수 없이 떠나가는 이 세상
절망의 심연에서 그들은
무엇을 보았는가
남은 자들의 가없는 슬픔은
하늘의 성스러운 자락에 가 닿아
다하지 못한 운명의 영혼들을 포근히
감싸안을 것이다

슬픔의 뒤

어떤 운명이 오든 신의 뜻을 찾는 것은
진실에 다가서며 더 의로운 것
더 충실하고 더 순수해지는 것
그것이 슬픈 일일지라도
위로받을 수 있는 것
슬픔 뒤에 아무것도 없다면…

파도의 거품처럼
분명한 형상은 아니라도
그 위에 어른거리는 잔상
수평선 은빛 너머
파도는 넘실대고
출렁이고 부서진다

숲속을 지나는 밤바람처럼
분명한 소리는 아니라도
능선 위에 펼쳐지는 그림자
희미한 안개 저편에
나무들은 속삭이고
숲은 내일을 기약한다

영롱한 별빛 주위의 무한의 허공
성스러운 영원한 침묵
눈물처럼 아롱진 잔영
그 어둠 위에 더 빛나는 별
하늘이 있고 별이 빛나고
어둠이 있고 빛나는 생각이 있다

슬픔의 연가

슬퍼지는 것은 순수해지는 것
숲속을 지나 절벽에 다다른 푸른 하늘처럼
천년의 시간을 타고 온 청자의 비색처럼
슬픔은 시공을 거머쥔 빛의 다른 파동
아름다울수록 슬퍼지고 슬플수록 더 아름다운 들꽃을 바라본다
너에게서밖에 볼 수 없는 강렬하고 순결한 보랏빛
슬픔은 천상의 색을 지닌 마음의 다른 빛깔

슬프다는 것은 진정한 자아를 찾아가는 것
눈얼음 뚫고 피어나는 외로운 풀꽃의 의연함
순수를 안고 처연히 일어서는 비장한 몸짓
슬픔의 터널을 지나온 뒤 언뜻 자그만 용기가 일어날 때
잃어버린 진정한 자아를 눈물로 만난다

슬퍼하는 것은 진실의 순간과 마주하는 것
슬픔의 눈으로 세상을 바라보는 안온함
홀로 서서 오랜 비움이 잊혀지고
모든 것으로부터 자유로운 영혼이 절대정신을 갈망할 때
세상의 내면이 존재의 벽을 지나 진실과 마주한다

슬픔의 순수와 신성의 순수

진리의 빛 〉 빛의 진리
무한의 시공 〈 시공의 무한
정신의 물질 ≠ 물질의 정신
조화의 균형 = 균형의 조화
예술의 종교 ≒ 종교의 예술
순수의 슬픔 ≒ 슬픔의 순수
순수의 신성 ≒ 신성의 순수
신성의 무한 ≒ 무한의 신성
1행의 진리는 빛보다 그 의미가
포괄적이고 깊이가 있으며 지배적이다
2행의 시공은 무한보다 그 의미가
작고 깊이가 낮으며 종속적이다
3행은 두 단어의 의미가 완전히 독립적이어서
배열이 어떻든 의미가 성립하지 않는다
4행은 두 단어의 의미가 비슷하여
어떻게 배열하든 그 의미가 거의 일치한다
5행은 종교와 예술이 이질적인 듯하나
정신의 구극적 가치를 추구하는 점에서
배열을 바꾸어도 차이는 있지만
의미가 비슷하게 유지된다
그러나 6행과 7행과 8행을 같이 비교할 때
슬픔이 순수라는 신비스런 창을 통하여

신성과 무한으로 자연스러이 연결되는 것은
언어의 의미보다는 인식하는 인간의
심오한 영적 직관 때문이다
절망의 심연을 헤매인 슬픔의 터널을 지나오며
순수하고 순결한 슬픔의 결정체만 남았을 때
순수의 슬픔은 슬픔의 순수와 일치한다
이 경우의 순수는 인간의 정신세계에서
물질적 가시적인 가치를 초월하는
삶의 의미의 궁극으로서 정신적 비가시적
영적 가치의 순수이다
그리하여 슬픔의 순수는 신성의 순수에 다가가며
어느 정도 의미의 일치를 이룬다
나아가 신성의 순수는 무한의 신성의 한 부분이기에
슬픔의 순수는 무한과 신성과
자연스러이 의미의 유사성을 지닌다
그리하여 인간은
슬픔의 순수를 통하여 신성의 순수를 깨우치고
무한의 신성에 합일하는 영적 존재이다

8장

사랑

Light

Time

and

Life

사랑

인간은 사랑을 알기 위해 이 세상에 왔다
사랑의 영원과 무한을 알 수 없지만
그 의미를 이해할 수 있는 능력을 지니고 왔다
사랑의 완전한 결핍과 충만, 또는 그 어디쯤
인간의 기준으로 사랑은 무의미하다
사랑은 우주를 일관하는 일체의 정신이고
전체적 합목적적 정체성을 지닌
우주의 영원한 진리이다
인생은 그 의미의 깊이를 깨닫는
사랑 그 자체의 어떤 부분이 되는 과정이다

마음의 빛

첫눈에 사랑이 오듯
꽃이 화사하게 피듯
별이 찬연히 빛나듯
마음이 영혼의 눈을
뜨는 것은 찬란하다

영혼의 일치

말로서 사랑한다기보다
눈빛으로 사랑한다는 것이, 그보다는
온 영혼으로 사랑한다는 마음가짐이
상대에게 진실로 사랑받는
느낌을 준다

아무 말 없이
어떤 몸짓 없이도
침묵 속에서 고요 속에서
사랑의 울림은, 마음의 진동은
서로의 영혼의 파동을 일치시킨다

영혼의 세계

이모 상가에 다녀왔다
20년 전 이모가 뇌종양 수술을 하고
아내를 돌보던 이모부가 10년 전 먼저 세상을 떴다
건강했던 분이 병간호를 하다
갑자기 돌아가셔 정말 충격이었다
아, 인생이란 무엇인가
유난히 추운 겨울날 바삭바삭 얼어붙은
천변의 눈길을 하염없이 걸었었다
사촌 동생이 엄마가 별세하기 3일 전
코로나로 마지막 비대면 통화할 때
아버지가 꿈에 나타나 "여보, 당신도 빨리 와"
라고 했다 한다
어린 시절 들었던 전설 같은 이야기를
죽음이 가까워진 나이에 실지로 들으니
형언할 수 없는 감정이 밀려왔다
아, 내가 죽은 후
아내가 세상 떠날 나이가 됐을 때
"당신도 빨리 와"라고 할 기다림과 그리움의
사랑의 씨앗을 나는 지금 가지고 있는가?

과학과 물질의 발전이라는 미망에 현혹되어
정신적 가치가 퇴색하는 양극화 현상은
인간의 삶의 의미에 치명적이다

전생과 환생과 임사 체험의
수많은 실증적 사례에서 보아
영혼의 세계의 존재는 분명하나
이 세상의 일회적 삶의 방식이
그 중요성을 폄하하고 있다
사랑의 정신으로 이루어진
순수하고 영원하고 절대적인 그 영혼의 세계는
얼마나 깊고 진실되고 성스러울까!
어서 오라는 저 세상에서의 사랑의 부름은
이 세상에서 형성된 사랑의 결과물
진실한 사랑의 영원성의 깊이를
어떻게 알 수 있겠는가!
그저 그냥 사는 이 세상에서의 삶이
한없이 부끄럽다

겸손

자신의 보잘것없음을 깨닫고
드리는 기도가 가장 간절하듯
깊은 마음의 시작은 겸손이다
겸손은 사랑의 선순환을 일으키는 인간미의 보석

가식 없는 겸손은 진정성과 신뢰의 깊이를 더하여
차원 높은 관계를 이루게 한다
신뢰가 주는 긍정의 힘은
생각지 못한 기회와 영감으로
이룰 수 없을 것 같은 도약의 장을 마주하게 한다
자신의 성공이 자신만의 능력으로
이루었다고 생각하기보다
자신을 아는 모든 이의 배려와 도움으로
알지 못한 사랑의 힘으로 이루게 됐다고
생각하는 것은 아름답고 멋진 일이다

겸손은 배려보다 깊다
배려는 이기심이 밸 수 있으나
단순한 겸손이라도 순수하지 않고서는,
자신을 더 깊이 알지 못하고는,
겸손하기 어렵기 때문이다
겸손이 앞선 배려는

사랑의 증폭을 가져오나
배려가 앞선 겸손은
물질의 정신이 따라올 수 있는 까닭이다

자신보다 더 깊은 내면의 소유자라는 생각이 들 때
자신을 진심으로 낮추는, 진실로 깊이 있는,
세상의 운명을 아는 듯한 영혼을 마주할 때
성스러움을 느끼고 삶의 진실을 깨닫는다

징검다리

징검다리 건널 때 비낌돌[1]에 서서
마주 오는 사람을 기다리는
해맑은 미소를 보았다
천천히 가라는 듯, 조심해서 가라는 듯
물소리만큼 정겨운
투명한 조약돌 같은 미소
아름다움과 정겨움이 어우러져
시냇물처럼 살가운 정이 흐른다

은빛 주단을 깔아 놓은 듯
한없이 투명한 가을 하늘 높이
듬성듬성 징검다리 구름이 흐르고
눈부시게 하늘거리는 갈대꽃 위
한가로이 잠자리 떼 노닌다
아스라이 멀리 어디선가
금빛으로 물든 붉은 가을이 오는 듯
싱그러운 사과 내음이 난다

---

1) 징검다리에서 마주 오는 사람이 잘 지나가도록 비껴서 있기 위해 살짝 옆으로 비끼어 놓은 돌(시인의 신조어)

축복

우리의 사랑
축복의 선물
아기가 태어났다

건강하고
아름답고
사랑스럽게 커 다오

너는 세상의 희망
세상은 너의 희망
평화와 사랑과 행복으로

경이

걸음마를 막 뗀 손자가 쩡가쩡가[2]하는 내가
팔을 놓지 않을 거라고 확신하는 듯
머리와 등까지도 뒤로 젖힌 채 쓰러질 듯 쓰러질 듯
빙글빙글 의탁하며 방긋거릴 때 나는
이제껏 느끼지 못한 경이로운 사랑을 느낀다

어떻게 이 희미한 영혼은 나를 온전히 믿는 것인가?
내 작은 사랑을 진심으로 믿어 주는 손자에게 받는
이 크나큰 감동은 무엇인가
나는 주위의 작은 사랑을 진심으로 대하는가?
그 사랑이 더 큰 사랑을 일으키도록 살아가는가?

미약하고 희미한 마음이라도
온전한 믿음은 더 큰 사랑을 불러온다
아, 보잘것없는 마음이나, 순결한 의탁의 믿음을 이어 가는
내 작은 사랑의 씨앗이
그 경이로운 정신세계의 원대한 시작이기를…

---

[2] 한 손으로 아이의 발을 받치고 다른 손으로 등을 보듬어 위아래로 움직이며 아이를 웃게 할 때 하는 의성어

하나같이

사랑은 둘이서 새 길을 가며
잠시 멈추어 서서
서로의 등을 두드려 주며
혼자가 아니라는 것을 느끼게 하는 것

인생의 아름다운 창을
한마음으로 바라볼 때의
행복 가득한 모습보다
더 아름다운 것은 없으리

삶의 여정에서
사랑의 눈빛과 미소로
서로를 감싸안는 것은
얼마나 사랑스러운가

부부는 서로 마음의 거울
미소 짓는 마음은 미소로
행복한 마음은 행복으로 나타나
서로의 영혼을 일치시켜 간다네

사랑의 주파수

아름다운 음악의 주파수가
자연의 황금 비율을 닮아
생물의 성장에 긍정적 영향을 줘
품격 있는 결실을 맺게 한다

오감이 자연의 감각을 느낄 때
뇌파의 자연 친화적인 감응은
정신의 주파수가 자연의 주파수와
내적 일치를 이루기 때문이다

사랑의 주파수의 진실된 힘은
증폭된 사랑의 파동을 일으키고
선순환의 긍정적 정신 작용은
서로 삶의 환희를 느끼게 한다

내면 깊이 본질적인 부분들이
우주의 존재의 원리와 연결될 때
성스러움을 느끼고 인간은
삶의 합목적적 영원성을 얻는다

최고 사랑

신을 향한 사랑을
최고 사랑으로 생각하는 사람은
동시에 신으로부터 받는 사랑을
최고 사랑으로 생각하게 된다
어떤 상황과 조건에 관계없이
신념만으로
최고의 영적 교감을 이룬다
세상은 비할 바 없는 혼돈과 순수
두 극단 사이에 있다
오직 순수 사랑만이 그 둘을 잇는다

영원의 사랑

차원이 다른 사랑이 존재하고
그 숭고함을 구현할 수 있는
인간만이 지닌 특별한 사랑
거룩한 믿음 영원의 사랑

원인 없이 결과가 이루어지는
오직 그것을 통하여서만이
의미를 실현할 수 있는
지고하고 순수한 것

마르지 않는 샘물처럼
쓸수록 더 많이 솟아나는
신비하고 성스러운 것

밤하늘의 빛나는 별처럼
영감의 원천으로 반짝이는
영원하고 무한한 것

모든 영혼에 내재하는
신성의 빛을 갈망하는

합목적적 영원의 사랑

신의 사랑

척박한 환경에서 약초는 약성을 더하고
과일은 단맛이 깊게 스미며
꽃은 더 화사하게 피어난다
종교는 핍박받을 때 신에게 가장 가까이 다가갔으며
풍요로울 때 부패의 무덤을 만들었다
외부의 시련이 내면을 더 강하게 하는 것은
섭리의 진실이다

인간의 내면의 우주는 외부의 혼탁한 가치에 물들여져
그것이 많을수록 더 더럽혀지고
순수한 자아를 잃게 된다
절제와 헌신, 고뇌와 성찰로 내면의 깊이를 더할 때
자신의 본성은 더 빛나고 향기롭게 된다

선과 의를 향한 순수의 길은
고귀한 길이요 아름다운 길이며 의미 있는 길이다
인간이 꽃을 향해 그러하듯
신은 향기롭고 빛깔 고운 영혼을 사랑할 것이므로
시련을 꽃길로 예비한 지고지순의 영혼만이
그것을 얻을 것이다

이 아침에

벚나무 가지 사이사이에서
봄을 실은 벚꽃의 꽃무리인 양
환하게 비쳐 오는 연분홍 햇살

천상으로 향하는 계단처럼 층계 구름이
떠오르는 햇살을 받으며
벚나무 숲에서 하늘 끝까지
장엄하게 솟구쳐 있다

하늘에 맞닿은 고산의 만년설같이
저 광막한 공간에서 빛을 받아
신비스럽게 반짝이고 있네

새소리에 묻어오는 햇살의 싱그러운 떨림
바람결에 실려 오는 햇살의 감미로운 숨결

어둠이 깊을수록 빛에의 열망은 강해지고
어둠이 길어질수록 빛에의 희망은 가까워진다

빛은 파동이고 입자이나 과학으로 규명할 수 없는
세상을 이루는 질서 조화 균형의 한 축
정신의 세계에서 물질의 세계에 주어진 신비의 존재
빛은 향기이고 생명이며 그 궁극의 진실은 사랑이다

시간이 무심히 지나가지만 역사를 이루어 가고
빛 또한 무심히 비추이지만 세상을 만들어 간다
빛과 시간의 탄생

이 아침 떠오르는 해에서 찬란히 빛나는 햇살은
무한히 주어지는 영원한 사랑 그 자체이리라

9장

소고

Light

Time

and

Life

달관

할머니가 교회에 가면서 말했다
애들도 다니고
당신도 이제는 가야 하지 않아?
할아버지가 말했다
당신이나 애들이나
다 천당에 갈 거야
나는 괜찮아
이 세상보다 더 나쁜
지옥이 있을라고

합리화

고난절 전주 예배에서 목사님이 설교했다
고난절 오전 9시에서 오후 3시까지는
십자가에 못 박힌 예수님을 생각하며
고난을 함께한다는 의미에서
꼭 금식을 해야 한다고,
고난일에 모인 소모임 가족들이
기도를 마치고 헤어질 때
누군가 블랙커피를 마시며
고난일을 보내자고 제의했다
커피를 마시며 식욕이 당긴 신도들이
예수님도 건강하기를 바란다면서
브런치도 시키고 케이크도 시키며 포식했다

필연적 관계

덩치 크고 사납게 보이는 개가
주인의 가방을 혼자 지키고 있다
성인이 옆에 가면 경계의 눈초리를 보이다가
더 가까이 가면 마구 짖어 대며
물 것처럼 달려든다
어린이가 옆에 가면 짖지도 않고
꼬리를 살랑거리며 우호적인 몸짓을 한다
남중생들이 다가가면 경계를 하다가도
여중생들이 다가가면 별 경계를 하지 않는다
개는 위험성의 정도를 정확히 파악하고 있다

주인에 대한 개의 무조건적인 복종은
주인의 더 큰 사랑을 불러오는
선순환 구조를 이루고 있다
사랑과 복종
인간과 개의 필연적일 수밖에 없는 관계가
늑대가 개로 진화한 원동력이었다

역지사지

천변 산책길에서 유난히 큰 개를 끌고 가던 아저씨가
주위 사람들을 다독이고 있었다
안 물어요! 안 물어요!
쌕쌕거리며 흘리는 게거품
킁킁거리는 주둥이 사이 날카로운 어금니
금방이라도 놓칠 것 같은 팽팽한 줄
자기는 주인이니 안 물겠지만
개를 무서워하는 사람들이 느끼는 공포심을
생각이나 하는 걸까?
나는 무서워서 얼른 길가로 피해
개가 지나갈 때까시 한참을 기다렸다
가만히 보니 사나운 개와 주인은
하얀 거품을 내며 씩씩거리며
주위 모든 사람들을 달무리 지으며
외롭게 외롭게 걸어가고 있었다
누구나 무엇인가를 하고자 할 때
타인을 배려하는 마음이 우선이어야 한다
요새같이 온갖 소음과 비매너와
염치가 없는 세상에서는 특히!

시격

시는 대상이 아니라
주관이다
시는 표현이 아니라
삭힘이다
시는 지식이 아니라
깨달음이다
시는 빛의 색깔이 아니라
빛의 파동이다
시는 우연이 아니라
우연의 필연성이다
시는 어떤 부분이 아니라
전체 중의 부분이어야 한다
시는 인식이 아니라
황홀한 인식이어야 한다

작고 아름다운

십자가 모양 작은 창
밝은 빛은 비끼고
낮은 빛은 은은하다

새순 돋아 그려 가는
회화나무 작은 가지
참새 박새 오목눈이

오솔길이 끝나는 곳
원시의 보물 창고
사잇길이 시작된다

작은 것을 누리도록
정갈하게 작아진
축소성의 낮은 마음

빛의 후광

화려함의 극치에는 빛이 있다
찬연한 빛살 황홀한 빛깔
빛이 가득한 순전한 공간 속의
인간은 조연 같다
국빈 만찬장에서 나비넥타이를 매고
내빈들에게 연설하는
정치 지도자의 메시지는 형식 같다
빛이 없다면
역사적 공간의 장엄한 분위기는
빛을 발할 수 있을까?

전깃불과 별빛

물질문명이 발달한 곳에서는
밤에 별이 보이지 않는다
오늘날 대부분의 국가에서는
자기 동네에서 은하수를 볼 수 없다

세상의 눈이 반짝이는 곳에서는
내면의 눈이 잠겨진다
쾌락이 의미를 구할 수 없고
편리함이 진실을 대체할 수 없다

정신과 과학

천 년 전에 쓰인 고전은
현재도 변함없이 소중하다
백 년 전에 발견된 과학은
현재 거의 필요가 없다

천 년 후에도 마찬가지로
인간의 정신적 진실은
과학의 발전과 관계없이
변함이 없을 것이다

물질적 환경을 맹목적 추구하는 삶은
의미 없이 혼돈만 가중된다
인간의 삶이 가치가 있기 위해서는
정신적으로 의미 있는 삶을 살아야 한다

의미와 행복

의미 있는 삶은 시련을 겪는 중이라도
행복할 수 있고
의미 없는 삶은 풍요로운 환경이라도
불행할 수 있다
인간의 참된 행복은
선과 정의 같은 도덕적 신념
내면의 깊이와 영적 열망 등
영혼의 영원성과 관련된 성취감에 있기에

1%와 99%

1%의 독극물이 든 물을 마시면
사람이 죽게 된다
나머지 99%는 아무 필요가 없다
1%의 세균이 침입하면
나머지 혈액은 기능을 할 수 없고
사람이 죽게 된다

정신도 마찬가지이다
1%의 악이 나머지 99%의 선을 지운다
인간적으로 죽은 목숨이다
행하는 사람도 받는 사람도
1%의 악은 나머지 99%의 선을 압도한다
사랑은 100% 순수해야 한다

순수성

인류의 역사는
소수의 악행에 다수의 선행이 짓밟힌
악의 총량이 선의 총량을 압도한 역사이다
인간의 삶의 환경은 정치의 종속 변수로
독점력의 힘과 독성이 압도적이기에
거짓 술수 악의는 독성 세균과 같다
한 방울의 독극물은 많은 생명의 물을 폐수로 만든다
코로나는 불과 한 달 만에 전 세계를 공포로 몰아넣었다
인간과 과학이 역사와 자연 앞에
극도의 순수성을 지켜야 하는 이유이다

세상

세상은 타오르는 불꽃
가까이 가면 타서 죽고
밀어지면 얼어 죽는다

갈망의 불꽃이
높고도 높이 올라
별빛 아래에 스러질 때

타오르나 타지 않는
빛나나 식지 않는
빛을 알고 빛이 되는

순수의 정신은 불멸한다

인류

모든 사람은
그 누구도 그 무엇도 침범할 수 없는
신성한 결실을 위한
성스러운 영혼을 지니고 있다
그러므로 이 세상은
서로 존중하고 합심하여
그 성스러움을 고양해야 할 운명 공동체이다

자긍심

자신의 내면에서 여성성을 그리워하는 자는
자신의 남성성에 자긍심을 갖는 남자이며
자신의 내면에서 남성성을 그리워하는 자는
자신의 여성성에 자긍심을 갖는 여자이다

구원

용서하는 자는 구원받을 수 있는
영혼을 지녔으나
용서받은 자를 구원할 수 있는 것은
신뿐이다

헌신과 희생은 영원성을 지닌다

순결한 영혼

피어나는 꽃처럼 사랑을 실현하는
그 화사한 마음이
정신만으로 이루어진 세계에서
더 눈부신 아름다움을 지니고
모든 정신이 우러르는
스스로 반짝이는
오! 순결한 영혼

담겨 있는 그릇은 그릇일 뿐
존재의 고귀한 소명을 좇아
빛으로 이루어진 세계에서
영적 열망으로 희구하는
영원한 생명이 우러르는
별처럼 반짝이는
오! 순결한 영혼

10장

자각

Light

Time

and

Life

작은 것의 소중함

작은 것을 실천하지 않으면 큰 것을 실천할 수 없다
작은 것을 지키지 않으면 큰 것은 당연히 지키지 않는다
작은 것을 소중히 생각하지 않으면 큰 것은 아예 보이지 않는다

진실로 가치 있는 것은 작은 노력들의 오랜 결실이다
작은 것의 소중함을 알고
크고 위대한 것을 스스로 깨달아야 큰 인물이 된다
사물과 현상을 보는 미세한 차이가
미래의 변화를 준비하는 거대한 차이가 된다

보이지 않는 작은 것에
멀고 깊은 원대한 가치가 잠재돼 있다
그것들은 작으나 소중한 것들을 완결시켜
세상을 밝히는 소명을 이루게 한다

작은 것을 실천하고
작은 것을 지키고
작은 것을 소중히 생각해야
세상은 더 아름다워진다

시와 행복

시는 희미하나 빛이 있는
진리의 작은 단면이라도
구체적으로 드러내 보이는 것이며
읽는 이가 그 의미에 공감하여
새삼스러이 뜻밖의 깨달음으로
행복해지는 것이다

내면의 힘이 진실을 향할 때

용서할 수 없는 일을 용서할 때
시련을 극복한 영혼에게 평화가 찾아온다
시련이 클수록 긍정의 힘을 더하기 위해
내면의 힘은 진실을 향하게 된다

인내할 수 없는 일을 인내할 때
자기 확신의 미래가 깊어지며
원려한 인생의 전략을 세우는
내면의 힘은 진실을 향하게 된다

침묵할 수 없는 일을 침묵할 때
증오의 불꽃은 사위고, 스스로
근원적 화해의 밑거름이 되도록
내면의 힘은 진실을 향하게 된다

사랑할 수 없는 일을 사랑할 때
삶의 의미와 목적이 존재의 구극에 이르러
성스런 마음의 빛을 이루는
내면의 힘은 진실을 향하게 된다

조용한 자각

이 쿵쿵거리는 심장
이 불끈거리는 핏줄
쉬임 없는 들숨과 날숨
열심히 살아야 한다고 하지 않는가?

피는 심장을 떠난 후
온몸을 돌아오는 데
1분도 걸리지 않는다
뇌는 몸무게의 2%에 불과하지만
피와 산소와 열량의 20%를
소모하며 활동한다

주어진 생명
주어진 시간
상황은 냉엄한 데
내 마음만 무심한 것은 아닌가?

열심히 살아야 한다고 하지 않는가!
무언가 이뤄야 한다고 하지 않는가!

고뇌와 여유

미소 짓는 얼굴은
사랑스럽다, 그러나
슬픔이 깃든 눈으로
미소 짓는 얼굴은
더 사랑스럽다
슬픔을 승화하는
내면의 깊은 고뇌
빛나는 지적 여유
존재의 이유를
공유할 수 있기에

인생

인생은
삶의 여정에서
신성의 숨결을 느끼고
내면의 신성성을 깨닫는 과정이다

삶의 의미가
영원성과 연결되지 않을 때
단지 순간적이라기보다
무의미하다

모든 사람은
스스로 지닌 초월성으로
비할 수 없는
소중한 존재가 된다

고독하나 심오한

인간은 삶의 끝에서 홀로 죽어 가는
원래 고독한 존재이며
절대 고독자라는 것을
깨달아야 하는 존재이다
불안과 공포 결핍과 불의의 굴레에서
삶의 의미를 구하고, 완전성을 지향하나
그것을 이룰 수 없는 존재이기도 하다

가장 깊은 슬픔에서 일어설 때
진실의 순간과 마주하고
극복할 수 없는 시련이 닥칠 때
소명의식을 갖고 목표를 이루어 내는 것은
가장 깊은 절망에 처했을 때
진실로 무엇인가를 다시 시작할 수 있는
삶의 신비롭고 심오한 깨우침이다

길

길
도의 길
구도의 길

사물과 사건
사유와 사변
존재와 초월

길이 있고
정신은 깊으며
영혼은 영원하다

두 부류의 사람

이 세상에는 두 부류의 사람이 있다
이 세상의 욕망에 정신을 집중하여
자신의 삶의 의미를 소진하는 사람과
저 세상의 가치에 정신을 집중하여
자신의 삶의 의미를 키워 가는 사람

영혼의 불멸의 여부는 자신의 영혼 안에 있다

깨달음

자신의 보잘것없음을
깊이 깨닫는 이에게
주어지는 한줄기 빛

저울

진실의 거울에는
진실의 빛만이 비추인다
진실의 저울에는
진실의 무게만이 담겨진다

진실을 여러 가지 저울로
잴 수 없는 것은 진리이다
물질적 진실은 다를 수 있으나
정신적 진실은 단 하나이다

한 가지 저울의 올곧은 정신은
하나의 저울의 진실과 연결되어
내면의 간구하는 영혼의 빛은
진리의 빛과 내적 일치를 이룬다

비결

인생이 정말 짧다는 것을 깨닫는 사람은
성공할 수밖에 없다

지금 이 순간뿐 아니라 미래의 순간까지
중요하다는 것을 자각하는 것이기에

삶의 의미의 깨우침

삶의 의미를 추구하는 것은
자신을 더 깊이 알고 가치 있는 삶을
살기 위한 투혼이며
진정한 자아가 궁극적으로
우주의 정신과 하나되기 위한 지난한 여정이다
현격한 차이를 보이지만
영혼을 지닌 인간으로서
진실된 지향점은 일치할 수밖에 없다
마치 한 편의 시가 여러 관점에서 해석되지만
시의 궁극적 의미는 일치하듯이

인생의 무상함을 뼈저리게 느낄 때
삶의 궁극적 의미를
죽음 이후의 세계를
세상의 존재 이유를 깊게 생각한다
시련 속에서 고통으로 괴로울 때
그 뜻을 받아들이고 극복하는 과정에서, 또는
지난한 고독과 침묵 속의 내적 성찰은
진실한 삶의 의미를 깨닫게 한다
영혼의 빛이 신성의 빛과 교감하고 일치하는
진실의 순간을 갖게 되며
내적 평온과 평화를 이루는 깨우침으로 거듭난다

지금 이 순간

지금 이 순간은
추억으로 기억될 유일한 순간이며
과거와 미래가 하나되는 유일한 순간이고
존재의 완성을 기대하는 유일한 순간이다
모든 존재의 모든 시간은 유일한 순간이다

모든 사람에게
자유와 선택과 책임도 유일하다
유일한 것은 숭고한 것이며
시간의 보편성은 영원성에 연결되고 귀결되므로
인간은 보편적 진리로 영원성을 추구해야 한다

필연

아름다운 꽃은
보이지 않는 뿌리의 존재를 가리킨다

새의 노랫소리는
보이지 않는 새의 존재를 가리킨다

나의 정신은
나의 존재를 가리킨다
우주의 존재는
우주의 정신의 존재를 필연적으로 가리킨다

만물이 스스로의 위치에서
자신을 구현할 때
필연적 원인과 필연적 존재를 가리킨다

숨결

무한 속의 이 공간
영원 속의 이 순간
무한 영원이라는
신성한 것에서
신성의 빛을 느낀다

빛이 무한 속에서
시간이 영원 속에서
스스로 현현할 때
생명의 숨결은
신의 숨결을 느낀다

존재의 완성

존재하는 모든 것들은 미래를 통해서
자기 존재의 완성을 추구한다
미래를 향해 나아갈 때
영원은 미래에서 현재 속으로 온다

비가시성 속의 가시성과
불확실성 속의 확실성은
미래를 지닌 영원한 현재의
전일적 전체성에서 온다

인간과 자연 주체와 객체
원인과 목적이 있는 존재의
필연적인 내적 연결은
영원한 현재의 정체성에서 온다

내재적 원리

몸체가 과도하게 커진 나무는
균형을 잃고, 어느 순간
뿌리가 지탱하지 못하고 무너진다

사랑의 믿음이 자리하지 못한 사람은
보이는 가치만을 추구하게 되고
결국 삶의 진실된 의미를 이룰 수 없다

종교적 정신이 깊이 뿌리내리지 못한 국가는
강한 국가를 추구할수록, 어느 순간
정체성을 잃고 자멸하게 된다

생명들의 터전, 이 세상
생명을 있게 한 존재의 내재적 원리를 벗어날 때
존재와 존재의 의미를 상실한다

운명

성경을 읽고 제일 감동 깊은 것은
전지전능한 신이 그토록 한없이
자신을 낮추었는가이다

기적의 행함보다 더 신선하고
의로운 말씀보다 더 인간적인
간절한 사랑보다 더 생생하고
슬픈 영혼보다 더 진실된

가장 의롭고 가장 높은 분이
가장 낮추는 것은 모든 것의 처음과 끝이다
우리 모두는 그 안에 존재하고 귀결된다

진실

침묵은 신의 속성이요
간구는 인간의 속성이다
간구의 끝에서 침묵의
내면을 볼 수 있는 것은
그것의 본질이 같기 때문이다

빗물이 땀방울이
신의 물방울이 되는 것은
포도나무 안에서
농부의 간절함이
그것을 보았기 때문이다

가을을 기다리며

고추잠자리 붉은 나래짓
깊고 짙은 금빛 가을이
말없이 다가온다

매미 소리 폭설처럼 덮인
여름의 절정에서 붉은 가을이
조용히 오고 있다

결실을 예비하는
사선으로 원을 그리는
금빛 붉은 세상의 빛

영적 결실을 직관케 하는
우주적 정체성을 자각하는
내면의 전일적 일체감

진관사 소나무

법향[3] 짙게 배인 빛바랜 두리기둥
경내를 감도는 천년의 침묵
석탑에 덧낀 이끼
세월을 약으로 달였음이랴
대웅전 중심 맑게 보이는 거리 내의
수백 수천의 소나무들이 법당을 향하여 합장하듯
다소곳이 숙이고 서 있는 모습을 보면
비구니들의 염원의 불성이 메아리치는 듯하다

햇빛과 바람이 사각으로 돌 리 없으니
자연의 영향이 아닌 정신의 영향임이 분명하다
무아의 공 불신의 길 구도자의 염력의 파동이
두꺼운 껍질 투박한 자태를 벗고
금빛 껍질 우아한 자태를 갖게 했으리라
가꾸지 않아도 정신만으로
소나무들을 아름답게 만들고
정신의 중심 법당을 향하게 하는 것이 신비하다

---

3) 법당 주위의 맑고 향기로운 기운(시인의 조어)

정신의 중력

인생의 중요한 순간일수록
시련이 가중될수록
종교적 열망이 강해지는 것은
마음 깊이 간절히 그것을 요구하기 때문이다

달과 지구가 공전하기 위해
지구와 태양의 중력이 필요하듯
인간의 정신적 완결성을 위해
신적 정신의 중력이 필연적으로 요구된다

밑지지 않는 사업

부를 얻기 위해서는
인적 자원, 물적 자원, 기술, 경영의
4대 요소가 투입되어야 한다
이 경우 발전 과정에서 항상 요소별 위험이 따른다

그러나 밑지지 않는 단 하나의 사업이 있다
신의 존재를 믿고 사는 것이다
어떤 경우에도 위험은 제로이나
투입 요소 대비 기대 소득은 무한이다

의미와 무의미

과학자와 철학자와 예술가와 신학자의
공통점은 지적 깊이를 추구하는 자이다
합리성과 이성과 아름다움과 믿음으로
진리를 향한 지순한 의미를 실현하므로
인간이 추구하는 지적 활동은
종교와 관련되지 않을 수 없다
종교 없는 과학은 무섭고
종교 없는 철학은 무의미하고
종교 없는 예술은 무색하고
확신 없는 신학은 공허하다

종교라는 숭고한 정신의 바탕 위에서만이
인간이 추구하는 모든 정신 활동은
궁극적 의미를 갖는다
전체적이고 통합적인 최소한의 종교적인
직관과 상상력 없이
의미 있는 그 무엇이 이루어지는가?
고난과 역경을 넘어선 신념
고뇌와 희생 헌신적 사랑이라는
인간의 숭고한 초월적 품격 없이
의미 있는 그 무엇이 이루어지는가?

인생은 두 가지 길이 있다
하나는 신의 존재를 긍정하고
의미를 추구하는 삶을 사는 길이고
다른 하나는 신의 존재를 부정하고
결과적으로 무의미한 삶을 사는 길이다

진리

지동설은 과학의 진실이나
나의 눈에는
태양만이 움직인다

보이는 가치만이 진실한 것인가?
가장 중요한 것인가?
추구의 대상인가?

인간의 능력으로
진리를 알 수 없다
단지 믿어야 한다

관점

인간의 관점에서 빛은
물질적 전자
신의 관점에서 빛은
신성의 사도

인간의 관점에서 시간은
흐르는 실체
신의 관점에서 시간은
영원한 현재

인간의 관점에서 생명은
진화의 실체
신의 관점에서 생명은
미완의 영적 존재

인간의 관점에서 우주는
4차원의 물질적 세계
신의 관점에서 우주는
수많은 차원의 정신적 세계

자유와 구원

물질과 생명은 전체적으로
자기 발전적 능력을 구현하는
진화 과정의 생명 네트워크의 한 부분이다
정신과 영혼은 전체적으로
영원의 자기 생명을 간구하는
우주의 배후에 있는 원대한 정신세계의
전일적 한 부분이다
물질과 생명이
생성 소멸 순환의 영속적 연결 고리에서
자기 발전적 지향성을 추구할 때
상층 위로 갈수록 정신적 영적 지향성을 수반한다

마음을 비운 자는 영혼의 순수성의 깊이를 더하는
궁극의 정신과 교감하는 토대를 강화한다
내면이 그 깊이와 의미에서
영원의 가치를 깨닫는 것은
인생관 세계관의 문제가 아닌
진정한 자아의 진실된 문제이다
침묵하는 수난자는 도전적인 쟁취자가
생각지 못한 내면의 깊이를 더한다
상처받은 영혼이 성스러운 선물이라는 것을
깨달을 때 삶은 진실로 자유로워진다
구원의 자기 책임적 죄책감이 커질수록

내면의 성스러운 영원의 문은 열린다

만물의 영장

도덕을 선택했기에 만물의 영장이 된 것이 아니고
도덕이 주어졌기에 만물의 영장이 됐다

가시적인 이득이 불확실한 미래의 이득보다 큼에도
이타적 사랑을 하는 것은
인간의 양심에 내재된 조건 없이 순수하게 주어진
사랑의 열망 때문이다

자유의지와 용기 가치관에 의한
추구하기 쉽지 않은 절제된 노력은
내면의 깊이를 더하는 과정에서
내적 아름다움을 형성한다

인간은 깊고 원대한 존재론적 의미
삶의 의미의 궁극 그 영원의 합목적성을
우주적 정신과의 필연적 연결성에서 구하며
성스러운 삶의 의미를 완성한다

인간의 역사는 도덕을 선택하는 도덕적 진보의 역사가 아니고
주어진 무한의 도덕의 깊이를 깨달아 가는 과정이다

질서

어떤 질서에 시간을 대입하면
존재와 비존재 시작과 끝이 바뀌기도 한다
생성과 소멸이 시작과 끝이 아니고
영원히 하나의 과정이기에
질서 속의 영원은 영원 속의 질서이다
그리하여 인간의 삶이 영원성을 담보하기 위해
내면의 질서가 영원 속의 질서라는 것을
자각해야 한다

존재의 의미

모든 존재에는
아름다움, 신비함, 경이로움이 내재한다
그들에 대한 인식의 깊이는
인식하는 주체의 정신의 깊이에 따른다

아름다움의 현현은
수천수만의 다양성과 결합하며
신비와 경이로움의 깊이를 더해
깨닫고자 하는 정신을 허락지 않는
심오한 내면세계를 이룬다

마음의 향기가 자연의 향기와
전일적 융합을 이루기 위해서는
우주 만물에 내재돼 있는
비할 데 없이 성스러운 신성의 벽을
온 영혼으로 깨달아야 한다

인간은 존재의 아름다움을 깨닫고
아름다움의 깊이를 추구하여
우주의 존재의 원리와 합일하는
합목적적 존재의 의미를 구현하는

성스러운 영적 존재이다

자기 구원

모든 것은 자신의 내면에 있다
외부의 실체들
빛 시간 공간 물질과 생명
욕망 고통 쾌락 삶과 죽음
외부의 대상과 현상에 심신을 투사하여 일어나는
모든 것은 실재하고 존재하나
한시적이고 제한적이다

인간이 실제 인식하지 못하는 중력이
우주의 구조 체계에서 빛과 시공까지 아우르는
물질적 원리의 절대적 힘이다
나의 정신이 나의 존재를 가리키듯
우주의 물질적 존재는 우주의 정신적 존재를
필연적으로 가리킨다
절대적 질서가 절대적 정신 없이 이루어질 수 없다
물질의 조화와 균형을 이루는 질서의 주체가
인식하지 못하는 물질의 중력이듯
정신의 조화와 균형을 이루는 질서의 주체가
알지 못하는 정신의 중력이다

인간이 진실로 간구하는 갈망의 원천은 이 세상에 없다
내면의 생사를 초월하는 끝없는 갈망은

영적 열망이 영원성을 지녔음을 가리킨다
인간은 한시적 쾌락을 추구하나
영원한 의미의 실현을 위해서는
물질세계의 배후에 있는
원대한 정신세계의 우주적 서사
그 초월적 의미를 깨닫고 그것을 구현해야 한다
물질의 중력 체계 내에서 정신의 중력 체계를 꿰뚫는
자신의 영혼의 합목적적 영원성을 깨닫고
자기 구원을 이루는 존재여야 한다

불후

예술 작품의 원천은 예술가이나
예술가의 원천은 예술 작품이기도 하다

인간의 근원은 창조주이나
창조주의 근원은 인간이기도 하다

한 예술 작품이 모방할 수 없는
예술혼의 극한이 깃들어 있을 때
불후의 명작이 되듯이
한 인간의 정신이 추종할 수 없는
신성의 의미가 깃들어 있을 때
불후의 인간이 된다

내적 일치

색은 내면의 회화적 악보이며
소리는 내면의 선율적 그림이다
색과 소리는 본질적 속성을
고유의 주파수로 드러낸다

빨간색은 긴 파장의 주파수를
보라색은 짧은 파장의 주파수를
저음은 낮은 파장의 주파수를
고음은 높은 파장의 주파수를

환상적인 색과 소리가
심안의 깊이와 조합할 때
인간의 심오한 영적 주파수는
신성의 주파수와 내적 일치한다

예술성과 신성성

위대한 예술 작품은
대개 종교적 걸작이다
영광을 드높이는 최선의 신심은
영적 영감과 창조의
예술성의 극치를 구현한다

인간의 정신은
불후의 작품으로 불멸성을 얻는다
우주의 신비함과 인간의 심오함은
상상력과 창조의 원천으로서
필연적 연결성을 지닌다

위대한 예술 작품에서
신성성을 느끼는 것은, 인간이
원대한 존재의 원리와
내적 일치를 이루며
영원성의 의미를 깨닫는 까닭이다

창조의 순수성과 영혼의 영원성

물질의 질량과 에너지는
아인슈타인의 $E=mc^2$ 원리대로 등가성을 이룬다
빛은 질량이 없으나 무한의 에너지를 지닌 존재이다
시간도 빛의 종속변수로서
빛의 축적에 의해 무한의 에너지를 지닌 존재이다
비물질적인 빛과 시간에 의한
공간과 물질과 생명의 창조는
우주의 물질적 토대이다

인간에 의한 발전은 과학에 의한 기술 발전이고
빛과 시간이라는 정신적 존재에 의한
물질의 창조는 유에서 유가 아닌
무에서 유를 이루는 순수 창조이다
기술 개발도 열정, 계획, 투자, 경제성 등을
갖춰야 이루어지는 데
순수 창조가 아무런 방법, 전략, 의도, 목적성 없이
이루어진다고 도저히 생각할 수 없다
의도된 목적성을 깨닫는 것은
조건 없는 영원한 사랑의 세계에 첫발을 내딛고
원대한 영적 세계의 첫 문을 여는 것이다

인간은 그렇게도 간절히 물질을 간구하나

실재의 진실된 본성은
물질을 있게 한, 존재의 제1원인을 간구하고 깨닫는 것이다
세상의 것을 얻고 무엇이 남는가?
인간은 물질에서 한 줌의, 한 줄기의 영원성도 찾을 수 없다
오직 신성의 빛과 교감하는 영혼의 빛으로서
존재의 원리를 깨닫고 실현할 때만이
영원성의 자기 구원을 이룰 수 있다

수준

영적 갈망의 수준은
영적 깨달음의 수준을 결정하고
믿음의 수준은
기도와 소명의식의 수준을 넘을 수 없다

인간의 삶의 의미와 목적은
영원한 현존의 영원의 존재인
신의 신에 의한 신을 위한
진리를 깨닫고 구현하는
수준에 의해 결정된다

초월적 존재의 합리적 이해

과학은 우주를 이해할 수 있음을 실증한다
인간의 정신과 우주의 구조 사이에
이해 가능한 합리성이 존재하는 것은
관찰하는 인간의 정신의 합리성과
관찰 대상 물질의 합리적 질서 사이에
조화가 존재하기 때문이다
원인 없는 존재 목적 없는 힘은 없다
우주의 복잡성 불확정성 비가시성에도
물질적 원리는 빅뱅 이후 시공에 관계없이 불변이며
미래에도 영원불변의 진리로 남을 것이다

영원의 절대성을 지닌 물질적 원리의 존재와
그것을 인식하는 정신 사이에
인식과 이해의 합리성이 존재하는 것은
물질과 정신이 존재의 근원에서
합리적 내재적 일치성을 지니기 때문이다
우주의 심오한 초정밀성 초정합성 정향성은
그 합목적성을 인식하는 정신에게
초월적 정신의 존재를
합리적으로 깨닫고 구현하게 한다

빛과 빛

아득한 하늘 광막한 공간에서
비쳐 오는 빛살의 찬란한 광휘
황홀한 붉은 노을에서 펼쳐지는
금빛 붉은 파장의 영롱한 선율
눈 덮인 순은의 순결한 세상
달빛 별빛 눈(雪)빛 서로 비추이는
찬연한 섬광의 빛너울 빛울림

순결한 세상의 물질들이
고유의 파동으로 빛을 발할 때
인식하는 정신의 공감의 울림은
물질과 정신의 경계 너머
서로가 서로에게 빛이 되는
우주적 정신과 내적 일치를 이루는
존재의 구극 내적 원리를 이룬다

우주의 법칙

신비함 속의 보편성
불완전 속의 완전함
무질서 속의 질서
불균형 속의 균형

현재까지 밝혀진 우주의 과학적 법칙들은
진실이 밝혀지기 전까지 항상 대립적이다
그러나 지나고 나서 보면
보편적 완전한 질서 균형을 이룬다

우주의 통일성

우주의 신비로움은
그 의미를 깨닫는 정신을 위해 존재하고
그 숭고한 정신은
그것을 원하는 절대정신을 위해 존재한다

물질과 정신의 지평선 너머
다양성 복잡성 전체성 속의
우주의 서사적 정합성
합목적적 통일성이 존재한다

회귀

우주의 서사성
서사의 정합성
정합의 깊이
깊이의 무한
무한의 절대성
절대의 완전성
완전의 우주

무한과 신성

무한을 정확히 아는 것은
절대적이며 영원한 것이다

인간은 무한을
추론할 뿐 알 수 없다

무한이 존재하는
그 자체가 신성한 것이다

우주의 정신

모든 것이 그 안에 존재하나
그 안에 존재하지 않는 것

모든 것으로부터 자유로우나
그 자유의 구속성을 갖는 존재

모든 정신과 물질의 속성이
궁극의 본성이 되는 존재

위대한 물질적 원리의 질서에
필연적인 우주의 정신적 원리

영원의 진리

사물은 질서의 존재
미결정은 비존재
사물들의 균형은
현상의 조화로서
물질 너머의 작용

물질과 정신의 경계
객체와 주체의 지평
우주의 불변의 원리
합목적적 영원의 진리
질서 조화 균형

시와 진리

진리는 오직 시에 의해서만 드러나나
시의 진리는 시를 드러내지 않고
진리의 시는 진리를 드러내지 않는다

11장

내면

Light

Time

and

Life

내적 공간

사람이 잘난 체하면
그 사람의 그릇이 작아 보이나
겸손하게 자신을 낮추면
그 사람의 그릇이 커 보인다
겉모습이 아닌 그 사람의 진면목
진실의 거울에 비친
그 사람의 진실된 그릇을 보게 되기 때문이다

내면의 깊이가 낮으면 중심이 없이
경솔하게 행동하다
내면의 깊이가 깊으면 중심이 깊어
신중하게 행동한다
내적 공간이 작으면 생각이 짧아
가벼운 의미 없는 의사 결정을 하나
내적 공간이 크면 생각이 풍부해져
사려 깊은 창의적인 의사 결정을 한다

내적 공간은 내면의 우주로서
이 아름다운 우주의 경이로움처럼
상상할 수 있는 모든 것을 이루게 한다
내면의 도덕성 상상력 창의력에는
이 세상을 선하고 의로운

아름답고 행복한 세상이 되게 하는
위대한 자질과 위대한 임무가 주어졌다

마음의 창

사람의 마음에는 두 개의 창이 있다
하나는 외부로 향하는 마음의 창이고
다른 하나는 내부로 향하는 마음의 창이다

외부로 향하는 창이 과도하게 열려 있으면
세상의 온갖 공해가 밀려 들어와
마음이 탁해지고 내면으로 향하는 창은
서서히 닫히게 된다
세상의 보이는 가치는 가질수록
갈증이 심해지고 마음을 어지럽힌다
사랑도 명예도 얼마나 가벼이 마음을 무너뜨리며
허무하게 사라지는 것인가
외부로 열려 있는 창이 클수록
마음은 물질 감옥 쾌락 지옥에 붙잡혀
인생의 황금 같은 시간은
순식간에 지나가고 종말을 맞는다

내부로 향하는 창을 넓힐수록
혼돈의 마음은 정화되고 내면의 진정한 자아를
무한히 발전시키며 참된 성취를 이루어 간다
자신을 변화시키지 않고
세상을 변화시키려 할 때

혼탁이 더해지고 갈등이 증폭되는 것
내면을 응시하는 고독하고 영감 어린
예술가는 불후의 명작을 남기고
내면의 심연에서 사려 깊은 창의적인
과학자는 천재적인 발명을 한다
내면의 역사적 사명감을 실현하는
정치가는 위대한 자취를 남기고
내면의 우주에서 원대한 정신을 관조하는
사색가는 합목적적 영원의 의미를 구한다

마음의 중심

마음의 중심이 외부에 있는 사람은
보이는 가치를 추구하는 데 열과 성을 다하고
거기서 만족을 얻고자 한다
인간은 차원이 다른 정신적 존재이기에
보이는 가치가 주는 만족의 한계 효용은 체감하는 반면
그것을 얻고 유지하는 과정의
자기 파괴와 불의함은 가중된다

정복의 역사에서
정의롭고 평화로운 결말을 보았는가?
산업의 발전이 자본의 축적이
상향 평등의 부를 가져오는가?
과학기술의 발달이
공정한 기회의 증진과 복리를 가져오는가?
인류의 역사는 인생의 참된 가치를 깨닫지 못한
극단적 외부 가치 지향적인
불의하고 불행한 극소수의 폭주의 상흔이다

존재의 본질을 꿰뚫은 선각자들은
인간의 행복과 삶의 의미는
내면의 평안과 의미 실현에 있음을
한결같이 가리키고 있다

그 뛰어난 영혼들은 순전한 고독과 자유 속에서
원대한 존재론적 의미를 시현했다
사물과 현상의 본질을 직시하고
내면의 깊이를 더하는 과정에서 인간은
신성의 빛을 통하여 신성성을 깨닫게 되고
자기완성의 길을 가게 된다

겸손과 오만

인간은 자신의 약함을 깨달을수록
실제는 강한 사람이다
자신의 단점을 잘 알기에
내적 강화를 위해 더 노력할 것이며
겸손하고 낮은 자세로 임하여
신뢰의 선순환을 불러오기 때문이다

인간은 자신의 강함을 드러낼수록
실제는 약한 사람이다
자신의 단점을 잘 모르기에
자기 위주의 강경 일변도로 나가게 되며
오만하고 굳은 자세로 임하여
어느 순간 순식간에 무너진다

꽃

누구나 삶이라는 꽃을 피우고 있다
나의 꽃은 아름다운가?
나의 꽃은 향기로운가?
나의 꽃은 풍성한 결실을 맺을 것인가?
삶은 아름답고 향기롭게 꽃피우고 의미 있는 결실을 맺는 일

즐기기 위해 사는 것보다 즐거운 마음으로 사는 일
행복만을 좇기보다 시련의 뜻을 통하여 성장하는 일
슬픔을 마주하고 운명적 고뇌의 의미를 새기는 일
척박한 환경일수록 더 환하게 피워 내는 일
순결한 향기와 순수의 빛깔

고고한 고뇌와 성찰은
삶을 아름답고 향기롭게 꽃피우고
그 깊고 진실된 내면의 빛은
근원의 빛과 내적 일치를 이루어
영원의 결실을 맺게 되리라

아름답고 향기롭게 남기 위해
리본이 필요하지 않다
지식 이성 행복 같은 장식의 허울을 버리고

운명의 진실에 직면하게 위해서는
내면의 중요함을 그 성스러움의 깊이를 깨달아야 한다

투명한 유리

투명한 유리는 빛을 통과시킨다
빛을 받아들이니 보내기도 하고 반사하기도 한다
순결한 마음 순수의 정신은 신성이 자리하기 좋은 곳
신성을 받아들이니 신성한 삶을 살게 되고
신성함을 보이기도 한다

강한 자가 구렁텅이에서 탐욕으로 허둥거릴 때
때 묻은 마음의 창으로 빛을 보지 못할 때
약한 이들은 슬픔의 끝에서 순수의 눈으로
자신의 내면을 보게 된다

이 세상 원대한 정신세계의 징검다리에서
슬픔 순수 신성을 잇는
내면의 신성을 일깨우는
성스런 삶을 사는 것이다

마음

나무에서 피어나는 꽃도 이렇게 예쁜데
사람에게 피어나는 꽃은 얼마나 예쁜가

정신세계에 뿌리내린 영혼은
무엇으로 열매 맺는가

누구나 꽃을 피울 씨앗을 가지고 있으나
누구나 꽃을 피우는 것은 아닙니다

초월적 정신은 정신에서 정신으로 이어져
영원한 현재 안의 영원성을 지닌다

세상의 눈에 어떻게 비춰질지 생각지 않고
내면의 눈에 어떻게 비춰질지 행하는 것은
모든 이의 마음속에 비추이는 빛을 모으는 것이다

진정한 보석

어느 날 길을 가다 반짝반짝 빛나는
유리알을 주웠는데 그것이 다이아라면

사람 사이도 빛을 반짝이는
보석이 되는 사람이 있다

감동이 선순환되도록 빛을 더하고
어둠을 삭히는 사람이 있다

어둠까지도 삭히고 삭혀
어둠 속에서 더 빛나는 보석이 되는 사람이 있다

아! 나도 그 마음 따라 보석 같은 사람이 되었으면

내면의 신비

이 세상에 몸을 담고
저 세상을 주시하는 삶

세상 안의
세상에 속하지 않은 삶

순수할수록 깊어지고
깊을수록 밝아지는

내면의 거울에 비추이는
영원의 진실

내면의 가장 낮은 곳에 자신을 위치시킬 수 있을 때
그 너머의 심오한 신비는 오랜 침묵 속에 다가온다

마음 성형

미를 추구하는 것은 인지상정이나
미용만을 위한 성형은
아름다운 가면을 쓰고 아름답다고 하는 것
자연미와 인위적인 미 사이의 경계에서
칼춤을 추는 위험한 행위

세상이 어지러워 무사의 칼처럼
마음결을 성형하려는 독재자가
나올까 염려스럽다
사랑의 숨결이 인위적이라면
얼마나 역겨운가
창의적 영감의 꿈결도 다른 사람의
칼날에 맡길 것인가?

깊고 그윽한 진정한 아름다움은
내면의 고결함이 품위 있게
자연스러이 드러나 보이는 것
눈은 마음의 창
눈빛을 성형할 수 없다
따스한 눈빛과 해맑은 미소의 웃음결이
주름이므로 성형해야 하는가?

마음 성형을 다 해야 진정한 아름다움을 이룰 수 있다
삶의 진실된 의미를 간구하며
지적, 영적인 삶을 실천할 때
내면의 깊이는 더해지고
그 진실된 아름다움이 그대로 드러난다
마음 성형을 다 해야 금결 같은 삶을 살으리

인간미

사람에게 가장 좋은 것
살아가는 맛이요 멋이요 매력인 것
권력자가 인간미가 없으면 독재자일 뿐이요
부자가 인간미가 없으면 수전노일 뿐이다

그 인간미는 자신을
낮출수록 높아지며
높일수록 낮아진다
내릴수록 가까워지고
나설수록 멀어진다
비울수록 커지고
채울수록 사라진다

나눌수록 커지고 넘치고 두터워지는
물질의 원리와 반대로 만들어진
신비의 상자
그 상자는 누구나 마음이라는 이름으로 가지고 있다

자신 안으로 도피하라

자신 안으로 도피하라
외로움을 잊기 위해 세상 속으로 뛰어드는 것은
더 혼란스러울 뿐
한없이 깊은 자신의 내면을 모르고
세상의 의미를 찾는 것은 연목구어일 뿐

운명 구원 삶의 의미 같은
진리를 향한 원대한 존재론적 의미는
자신의 내면의 고뇌에 근원한
영적 열망으로 실현될 수 있는 것
존재의 슬픔이란 세상의 것으로
채워지지 않는 근원적 고뇌
간절한 희구와 헌신의 열망이
영적 결정을 향할 때
인간은 자신만의 존재론적 의미를 완성한다

자신 안으로 도피하라
고독 고요 속에 침잠하라
내면의 우주에서 세상의 우주를 관조할 때
영혼의 빛이 우주 정신과 내적 일치를 이루는
합목적적 영원성을 구하리라

깊고 진실한 마음

이 세상에서 보고 느끼고 인식하는
모든 것이 허무하고 무상하다
무의미하고 목적 없는 삶에 대한 울분은
어디에서 오는 것이며
어떻게 해야 하는 것인가
얻고자 하는 것이 이 세상에 없다면
다른 세상에는 있는 것인가?
이 세상에 있다면 그것은 무엇인가?
삶의 의미와 목적에 천착할수록
합리성의 역설에 빠지고
회의감에 사로잡히는 것은 무엇인가?

인생은 알 수 없는 듯하나
깨쳐야 하는 진실이 있으며
무의미한 듯하나
깊은 곳에서는 의미가 있고
목적 없는 듯하나
진실한 곳에서는 목적이 있다
결핍과 고통과 시련을 순연히 받아들이는 슬픔
그것들을 순전히 나누는 사랑
순수의 갈망이 클수록 진실로 향하는
고난의 길이 영원의 길임을 깨닫는
진실의 순간에 가까운 깊고 진실한 마음

행복의 의미

인간이 진정한 행복을 느낄 때는
성스러움을 느낄 때
창조적 몰입의 시간
내적 자유를 얻을 때이다

인간은 의미를 추구하는 존재이기에
정신적 만족에서 참된 행복을 느낀다
궁극의 정신 영혼이
존재의 원리 신성의 한 부분임을 느낄 때
영혼의 영원성에 삶의 경이로움을 느낀다

초월적 상상력과 영감의 원천
창조의 순수성은
인간의 심원한 내면의 에너지로
위대한 발견, 예술성의 구극 등에서
우주적 정신을 구현하는 최상의 성취감을 느낀다

외적 자유는 승자와 패자의 논리에서
계속 다음이 필요한 얽히는 것
내적 자유는 우주의 본성인
영원에 이르기 위해

우주의 정신적 원리와 내적 일치를 이루는 것

12장

고뇌

Light

Time

and

Life

촛불 1

어둠 속에 촛불을 켠다
서로에게 존재의 그림자를 투영한다
내면세계를 열게 하는 신비의 빛
타오르는 사유의 빛과 일렁이는 촛불의 빛은
고독 고뇌의 내적 순수성에서 일치한다
불은 빛의 다른 형상으로
그 기원에서 순수성과 영원성을 지닌다

스스로를 태우며 빛을 발하는 촛불에게
조건 없는 사랑의 진정성을 느낀다
만물은 상호 연결적이며
전일적 지향성을 지닌다
촛불의 순수성 영원성은
인간의 내면의 구극 그리고
존재의 원리 초월적 특성과도 일치한다

한 고독한 영혼이
하나의 촛불에서
세상의 진실을 보고자 한다
이 세상의 가장 작은 것은
가장 큰 것과 연결되어 있고
가장 단순한 원리는

가장 심오한 원리와 통하여 있기에

촛불 2

초는 타면서 빛을 발하고 없어진다
질량이 빛 에너지로 바뀌고
결국 초도 빛도 사라진다
내 마음을 사유의 빛으로 물들이고 사라진다
자신을 태우며 빛을 발하는 촛불같이
내 자신을 사유의 빛으로 태우고 싶다
깊이를 더하게 하는 긴 파장의 금빛 영적 파동

사유는 형체가 없고 무게가 없고 에너지가 없으나
그 무엇보다 심오하고 깊이 있는 결과를 낳는다
한 줌의 재는 흩어져 어떤 생명의 씨앗으로 자라는지
순환의 고리를 이루는지 모른다
초도 촛불도 사라졌으나
내 마음의 빛은 사라지지 않고 타오른다
깊이깊이 침잠하여 내면에서 타오른다

인간의 마음은 근원의 빛을 향하여 갈망하는 내면의 빛
신성을 향하는 영적 열망에
물리적 조건이 필요한가?
신성함을 닮고 싶은 영적 갈망에
과학적 증명이 필요한가?
불빛 속에 존재의 원형이 있다

타오르는 불빛에 일렁이는 내면의 빛

순수의 노래

고독과 슬픔을 사랑하는 것은
신성을 마주하는 지름길
행복한 얼굴에서
자만이 번들거리나
슬픔을 머금은 눈빛에서는
진실만이 반짝거린다
고독의 긴 침묵이 침잠한
순수의 시선 속에
신성성이 깃들어 있다

욕망을 다 채워 주는 세상의 것은 없고
다 채운 듯이 보이는 사람의
내면의 갈증이 가장 심하다
세상과 욕망은 원천적 불일치의 구조물
인간의 행복과 삶의 의미는
마음의 시원인 신성에서 찾아야 하고
모든 사람은 자신 안에서
그것을 찾을 수 있도록 태어나고 존재한다
보이는 것에서 영원한 것은 없으며
신성 그 어느 가까이에 그것은 존재한다

고뇌

이 세상의 보이고 느끼고 인식하는
모든 것이 허무하고 무상하다
허무와 우울은 서로의 상승작용으로
온 정신을 운명의 굴레처럼
사로잡아 가둔다

무의미하고 목적 없는 삶에 대한
울분은 어디에서 오는 것이며
얻고자 하는 것이 이 세상에 없다면
다른 세상에는 있는가?
이 세상에 있다면 그것은 무엇인가?

삶의 의미와 본질에 천착할수록
불합리 부조리의 역설에 빠지고
회의감에 사로잡히는 것은 무엇인가
영원한 것에서 삶의 진실된 의미를
구하고자 하나 그 불투명성의
지난함에 우울감이 더 커져만 간다

고뇌에 찬 고독한 정신이
이 무한하고 영원한 우주의

원대한 정신세계의 진실을
밤을 새운 핏발 서린 옹이눈에 비치는
한 줄기 빛처럼 느낄 수는 없을까!

단독자

우주의 목적은 인생의 목적이고
우주의 존재 이유는 인간의 존재 이유이다

시작과 끝도 없이
무한과 영원의 신비를 감추고
무명의 숨결 혼돈의 지평선
공허 미망의 소용돌이 속에서
빛과 시간은 영광을 되찾고
의미를 구현할 수 있는가?

물질의 본질적 속성은
존재론적으로 객관적 수동적 정태적이다
우주가 물질로만 이루어진 것이라면
경이로운 아름다움 심오한 완전성을 지닐 수 없다
물질이 의미를 갖기 위해서는
정신의 주관적 능동적 동태적 개입이 필연적이다

우주의 장엄한 서사의 장은
원대한 우주적 정신의 개입으로
전체적 정합성과
필연적 합목적성의 깊이를 지닌다

인간은 그것을 간구하는
내면의 완전성을 이룰 수 있는 고독한 단독자이다

영혼을 사는 사람 영혼을 파는 사람

어떤 사람은 인생을 멀리 보고
영혼의 가치를 높이는 삶을 살고
어떤 사람은 순간의 쾌락을 위해
영혼의 가치를 없애는 삶을 산다

자신이 다른 모든 존재와 연결되어 있고
그 정점에 최고의 선이 있다는 신념을 가진 사람은
영혼을 사는 사람이고
자신이 다른 모든 존재보다 우선이고
자신의 이익이 삶의 목적이라고 생각하는 사람은
영혼을 파는 사람이다

삶이라는 축복이 주는 기쁨을
삶의 의미의 깊이를 더하는 기회로 생각하는 사람은
영혼을 사는 사람이고
삶을 욕망의 수단으로 생각하고
욕심을 채우려다 이룰 수 없는 허상과 함께 사라지는 사람은
영혼을 파는 사람이다

이 세상의 삶이 영원의 정신세계로 이어지는
심화 과정으로 생각하는 사람은

영혼을 사는 사람이고
이 세상의 삶이 우연히 왔다 사라지는
소멸 과정으로 생각하는 사람은
영혼을 파는 사람이다

세상의 존재 원리와 그 심오함을 깨닫고
내면의 깊이를 더하기 위해 매진하는 사람은
영혼을 사는 사람이고
보이는 가치만이 진실한 것으로
피상적 욕망의 화신이 되는 사람은
영혼을 파는 사람이다

선과 의를 지키기 위한 비장한 의지를 가지고
헌신과 사랑으로 세상의 품격을 높이는 사람은
영혼을 사는 사람이고
오만으로 가득 찬 자기 독선으로
자유 평화 정의 같은 세상의 중심 정신을 깨트리는 사람은
영혼을 파는 사람이다

눈빛

비범한 영혼의 사진을 볼 때
마음의 창인 그 눈에서
빛나는 자기 확신과
다하지 못한 비장한 슬픔
두 가지 강렬한 느낌을 받는다

확신과 슬픔이 향하는 곳
정신의 구극 영원의 진실
신성의 순수에 내적 일치를 이루는
빛나나 식지 않는 빛을 알고 빛이 되는
불멸의 영혼

강한 정신의 에너지가
영적 파동으로 영감을 줄 때
비할 바 없이 깊은 순수의 주파수
그 성스런 영적 파동의 진동에 맞춰
내적 울림은 공감의 주파수를 맞추게 된다

오! 성스런 정신이여
위대한 영혼이여
원대한 정신세계의 불멸의 영혼이 되기 위해

한 알의 씨앗

괴로운 무상한 생명으로 오신 이여!

-「장부가」 부르며 스러져 간 안중근 의사의 사진을 보고-

보편적 가치

사회적 규범 내에서 가치관을 교육시킬 때
부모는 올바른 교육을 하는 것이다
국가의 지도자는 인류의 보편적 가치 기준 내에서
정치적 리더십을 발휘할 때 올바른 정치를 하는 것이다
어떤 사회의 대부분의 악은 그릇된 가치관을 가진 자의
범법 행위에 의해 일어난다
국제사회에서 대부분의 악은 불의한 국가관을 가진
국가의 공격적인 행위에 의해 일어났다
인류 역사는 그러한 국가의
통제되지 않은 범법 행위에 의해
비참한 질곡의 역사를 이어 왔다
국가라는 거대한 인간 집단의 행위가
평범한 개인이 지향하는 결과보다 못한 결과를
낳는 것은 역사의 아이러니다
어떤 단위에서도
기회의 평등, 과정의 공정, 결과의 정의는
필연적이어야 한다
개인, 사회, 국가, 세계에서 각 하부 단위가
상부 단위의 보편적 가치 내에서 행위가 이루어질 때
상부 단위의 질서가 더 튼튼한 균형을 이루어
인류는 비참한 역사를 되풀이하지 않고
정의로운 세상을 이룰 것이다

정치가의 길

정치가와 조폭은 힘이 강하다는 점에서
과시욕과 이기심이 특출나다는 점에서
불의한 일에 신의를 지킨다는 점에서 비슷하다

약자의 상처를 덧내는 강자는 비열한 사람
강자의 불의에 굴복하지 않는 사람은 비장한 사람
강자의 불의를 제거하는 사람은 비범한 사람

침략을 정의로운 전쟁으로 기만하는 초강대국과
침략을 영광의 시대로 교육하는 또 다른 강대국 사이에서
불운의 운명을 지니고 살아가는 국가가 있다
그 국가의 정치 지도자는 그러한 불의를 제거해야 하는
비범한 자여야 하는 숙명이 있다

대선

보통 자신의 단점을 솔직하게 드러내고
자신의 장점을 말없이 감추는 내면이 깊은 사람에게
호감이 가고 절로 존경심이 우러난다
그러나 정치가는
자신의 단점은 최대한 감추면서
자신의 장점은 최대한 선전하고
타인의 단점을 최대한 들춰내는
비호감 경쟁을 한다
보이는 것에서 도토리 키 재기 하다
진실로 중요한 인생관, 국가관, 비전, 도덕성 등의
논증과 검증은 없다
약점과 치부 들춰내기 경쟁하다
치명상을 덜 입은 쪽이 유리해지는
비열한 게임을 한다
국가와 민족을 누더기로 만든 사색당파의
한 맺힌 천박함이 이어지고 있다
뛰어나다고 생각되는 사람들의
비인간적 면모와 부도덕한 진흙탕 싸움을 보며
실망감 절망감을 너머 참담함을 금할 수 없다
역사를 냉엄하게 직시하는 비범한 자는 간 데 없고
자기 목소리만 높이는 정치꾼만 난무한다
그리하여 선거 때마다
그나마 비호감도가 작은 사람에게
투표해야 하는 역겨운 고통을 겪는다

상대방의 좋은 점은 칭찬하고
자신의 부족한 점은 더 노력하겠다는
선순환 게임은 할 수 없는 것인가?
혹여 투표자의 수준에 맞추다 보니
그러는 게 아닐까 하는 기우도 든다
모두 자신의 마음의 거울에 비추어
켜켜이 묵은 때를 씻어 낼 일이다
역사적으로 깊은 상처를 덧입은
이 나라에 이렇게도 인물이 없단 말인가!
비장한 결심, 비장한 결집이 안 되는 것은
우리 모두의 책임이다
절체절명한 국가의 정치 지도자는
운명적인 역사의 국가의 정의를 위해
목숨을 바치는 비범한 자여야 한다

진화론에 관한 의문

인간은 진화의 정점인가?
아! 그 오랜 세월을 원형질에서 진화하여 오다니
단세포에서 개구리로 강아지로 원숭이로
진화론에서 이종 간의 교배는 후손을 낳을 수 없으며
돌연변이도 종을 넘어서는 일어나지 않는다고 한다
원숭이로 진화하기 전의 동물은 무엇인가?
원숭이와 유인원과 인간 사이사이 진화의 절벽은 없는가?
원숭이는 몸무게 100g의 안경원숭이부터
200kg의 고릴라까지
크기, 색상, 형태, 식성에서 다른 종에 가까우리만치
현격한 차이를 보인다
인간은 차이 없이 보편성을 지닌다
인간이 원숭이에서 진화했으면 원숭이보다 더 다양하게
온갖 다른 형태의 인간이 존재해야 되는 것은 아닌가?

인간이 나는 것이 유리하여
날개를 갖고 싶은 욕구를 갖고
유구한 세월이 흐른다 해도
날개가 돋아날 리 없으며
자연선택과 돌연변이로 돋아난다 하더라도
그것이 유전될 리가 없지 않은가?
장구한 세월 환경에 맞게
특정 부위의 신체 기능이 발전하겠지만

그 경우라도 자기 독립성의 정신까지 진화할지는 의문이다
나아가 정신 활동의 더 깊은 부분
내면의 소리, 양심, 신성을 향한 열망 등 영적 부분은
무신론자부터 성스러운 믿음의 사람까지
극과 극으로 진화를 논하는 것은 불합리하다

문명인이 발전 환경에 적응할 때 사용하는 기관은
원시인들에게는 필요 없는 기관이었다
창의성, 합리성, 도덕성 같은 정신 활동은 필요 없었기에
진화론의 주장에 의하면
그런 기관은 진화 과정에서 자연도태가 됐어야 한다
오히려 생존에 정합적인
이빨과 뼈와 근육이 맹수처럼 진화했어야 한다
모순되지 않는가?
진화는 그저 장구한 세월 환경에 맞춰 발전된
생명의 보편적 현상일 뿐이다
인간의 숭고한 정신인 헌신, 사랑, 행복, 영적 활동과는
전혀 관계없는 가시적인 현상만을 추구하는 진화론은
우주의 의미 체계를 깊게 보지 못하는 단순한 논리이다

참극과 책무

자신만을 위하여
부도덕한 것에 과감해지는
깊고 멀리 보지 않는 세상
이기적 유전자
정글의 법칙
강한 자가 살아남는다
낮은 데로 임하시는 하느님
높은 데로 올라가는 인간들
존재의 간극이 어디까지 벌어져야 하는가?

상위 10%가 부의 80%를 갖고 있는 세상
세상의 90%는 생존의 경계선에서
오직 살아남기 위해서 투쟁해야 하는 비극의 시대
상위 10%가 열망하는 부는
절제할 수 있거나 불필요한 부이나
하위 90%가 갈망하는 부는
간절하고 필수적인 부이기에
드러난 부에 의한 불평등보다
필요에 의한 정신적 염원의 내적 불평등은
훨씬 더 심각하다
한쪽은 너무 잘 먹어 죽어 가고
다른 쪽은 굶어 죽어 가고 있는 현실을
인간으로서 받아들일 수 있는 것인가!

물질문명의 발달을 따라가지 못하는 정신문명
부와 권력을 독점한 이기적 유전자가 우월하게 생존하는
동물의 법칙이 인간 세상에서 작용되는 참극을
이제는 바로잡아야 한다
우리 모두에게 무거운 도덕적 책무가 있다

목표와 목적

결과적으로 악순환을 가져오는 것은
동기가 선하더라도 그것은 악한 것이다
골목 상권이 있던 시절 골목마다 웃음이 넘쳐 났다
이제는 골목마다 물건은 넘치는데 웃음이 사라졌다
더 풍요롭게 되었는데
인구는 감소하고 가족은 해체된다
봄이 왔건만 봄이 아닌 것은
마음에 들어온 물질이
진실한 마음을 내쫓기 때문이다
자유와 평안도 내쫓기고
살벌한 경쟁과 갈증만 남는다
물질은 인생의 목표가 될 수 있으나
목적이 될 수는 없다
개인 사회 국가가 모두 무한 경쟁에 내몰리어
누구도 인간다운 생활을 할 수 없는
이 세상 사회 체계를
혁신적으로 바꾸는 데 동참해야 한다
물질이 풍부한 세상보다
사랑과 정이 넘치는 사회 구조 정치 체계가 되도록
인류는 최선을 다해야 할 책무가 있다

빛에서

자연의 향기로운 감각은
아침의 상큼한 햇살을
희구하는 열망의 불꽃을
따스한 잉걸불의 잔광을
또한 너그러이 순응한다

먼 구름 뒤의 태양에서
푸른 하늘에 아득히 비추이는
찬란한 빛살의 광휘
저 광막한 공간의 장엄한
빛과 색의 풍요로운 향연

석양의 황홀한 지평
밤의 정적의 신비
고독 고요 어둠 속의
빛을 의식하고 인식하는
빛처럼 빛나는 사변들

아름다움과 죄의식

은빛 하늘의 빛나는 광휘
아득한 공간의 너울거리는
한없이 찬연한 빛 하늘의
비할 바 없는 황홀한 축제

천사들이 소롯이 옷깃을 잡고
서로의 빛깔을 자랑하는
하늘 저편은 빛의 세계가
영혼들의 정신세계가 있으리라

짙게 드리운 화사한 풀꽃
바람이 향기의 비밀을 드러내고
멀리 아름다운 능선과 나무들
모든 숨결이 조화를 이루는
신비하고 경이로운 이 세상

이 생이 처음인가? 마지막인가?
혹은 처음이자 마지막인가?
아름다움이 눈물겨울수록
마음은 더 무거워지는데
미련? 슬픔? 행복?

결국 사랑을 알지 못하고
사랑을 다하지 못한 죄인 것 같은…

사랑과 영원

절제력은 인내력에 이성적 의지를
겸손은 절제력에 지적 소양을
헌신은 겸손에 깊은 사랑을
희생은 헌신에 초월적 사랑을
더한 것

자연의 경이로운 존재들
빛과 시공의 초월적 현시
영원의 깊이를 감응하는 정신
감응하는 정신의 정합의 깊이
깊이의 무한의 영원성

삶의 궁극적 의미

성스러움을 느낄 때 깊은 울림에 이른다
뇌와 심장의 중심 어딘가에서
솟구쳐 오르는 영원에 대한 열망
꽃과 나무 새와 벌레
하늘과 바람 눈과 비
찬란히 빛나는 별
하나하나의 신비를 알 수 있으면
나의 신비를 존재의 이유를 알 수 있을 텐데
그 모두 진실을 알지 못하는
신성의 영역 안에 있다

지구상에 눈이 내린 이래 모든 눈송이는
육각형의 모양을 하고 있으나
똑같은 모양의 눈이 내린 적이 없다
모든 꽃잎과 나뭇잎의 숫자는
황금수라 불리는 개수로만 피어난다
그 이외의 개수는 절대 발견되지 않는다
빅뱅 후 밖으로 나가려는 힘과 안으로 당기는 힘이
$\frac{1}{(10)^{60}}$ 까지 초정밀하게 균형을 이루지 못했다면
현재의 우주는 존재할 수 없다
수학적으로 많이 발생할 수 있는 현상에서
실제 절대 발생하지 않거나
상상을 초월하는 초정밀성의 정확도를 가져야만

어떤 것이 존재한다면
자연법칙의 의도적 의지와
통제자로서의 초월적 존재가
필연적으로 요구된다

과학은 이 우주에 관해
어떻게를 설명할 수 있지만
왜를 전혀 말해 주지 못한다
신의 존재, 인간의 구원, 영혼의 불멸,
우주의 목적 등은 초월적 문제
오직 인간의 정신적 영적 능력으로
존재의 원리를 깨우쳐야만 한다
그리하여 인간의 삶의 궁극적 의미는
우주의 정신적 원리를 깨닫고 실현하는 데에
있을 수밖에 없다

순례길

해야 할 일을 하지 않는 것은 죄가 아니나
할 수 있는 일을 하지 않는 것은 죄가 된다

죄의식은 깊어질수록 간절함으로 이어져
이루고자 하는 열망을 더한다
죄의식으로 가득한 마음은 사명을 완결시키는
내면의 힘을 강화하는 원천이 된다

죄의식 없는 삶이 고통 없는 삶일지 모르나
의미 없는 삶의 다름 아니다
고통의 뜻을 아는 기회를 잃는 것은
인생의 가장 소중한 자산을 잃는 것이기에

죄의식은 내면의 불가마를 연마하는
모루가 되고 풀무가 된다
담금질의 죄의식은 스스로를 소중케 하여
목적의식을 드높이고 결국 그것을 이루게 한다

죄의식으로 얼룩진 고뇌의 길에서
정신 생명의 신비는 자라나 꽃을 피운다

미완의 성

극복할 수 없는 시련이 운명처럼 찾아와
더 이상 물러설 수 없을 때 인간은
극한 상황에서 극적 전환으로 소명의식을 갖고
결국 불가능한 일을 이루어 내고
저주 같은 운명을 축복받은 운명으로 돌려논다

인간의 위대함과 경이로움이
그 높은 정신에 닿아 있고
자연의 조화와 아름다움이
그 순수한 일체를 이루는 이 세상에서
인간의 삶은 무엇이어야 하는가

인생은 사랑이 그리움이 시의 혼이 맺히기를
간구하는 것보다 언제나 더 멀리 진실이 있음을 안다
삶은 원대한 여정의 한 과정일 뿐
자신의 성을 완성할 수도
완성할 수 있는 것도 아님을 알게 된다

누구나 운명이 운명처럼 다가와
시험이 서로를 유혹할 때, 성공과 실패의 갈림길에서
혹은 성공이 얼마나 크든 이 세상에서

자신의 성이 완성되지 못하리라는 것을 깨달아야 한다

이 가을에

생의 또 한 번의 가을이 오고
그 가을이 지금 가고 있다

가을은 고독이 슬픔처럼 순수해지고
잊혀지고 사라져 가는 회한을 반추해
부끄러움을 삭혀야 하는 고뇌의 시간
그리하여 내면의 성찰이 열매 맺는 결실의 계절

세상의 모든 것은 인간을 향하고 있다
인간은 어디를 향해야 하는가
꽃과 나무 새와 벌레 산과 바다
생물과 무생물 아름다운 것 모두
인간을 위해 존재하고 희생하며 사라진다

단풍은 열매를 위해
열매는 나무를 위해
나무는 인간을 위해
존재하고 희생하며 사라진다

아! 나는 누구를 위해 존재하고 누구를 위해 사라져 가는가

아! 나는 무엇을 위해 존재하고 무엇을 위해 희생해야 하는가

투명한 가을 하늘 한없이 드높은데
차가운 가을바람 내 걸음을 재촉하네

시인의 정신

시작은 세상에서 가장 죄 없는 일이고
투명한 일이며 영원히 가치 있는 일이다
시인이 시를 쓰는 것은 자신의 내면에서 솟구치는
순수의 소리를 글로 표현하는 것
시의 순수는 신성의 순수를 구하고자 하는
고뇌의 길이기에 진실로 깊은 의미가 있다

시는 누구에게나 열려 있고
모두가 영감의 빛을 전이하는
상상력을 통한 아름다운 창조이다
삶의 여정 마디마디에 내재되어 있는
신성의 의미를 찾는 고뇌의 길은
삶에 영원성을 부여한다
인생은 짧고 예술은 길고 시는 영원하다

인류 문명의 발원지에서 출토되는
표의문자의 시구나 현재의 시 모두 변함없이
자연과 신의 영원함과 위대함
그리고 인간의 삶의 궁극적 의미를 노래한다
모든 사람이 시인의 정신으로 살아간다면
세상은 평화롭고 아름답고 의미 있는
이상적인 세상이 될 것이다

운명의 길

지금 나의 삶이 나의 운명인가?
나의 과거가 지금 이 순간을 위한 준비였는가?
내가 가는 길이 운명적인 길이요
역사적인 길이요
정의로운 길인가?
아님, 사사로운 욕망의 길에서 헤매이는 삶은 아닌가?
내 눈앞에 보이는 의미 있다고 생각되는
모든 일이 진실로 내가 원하는 것인가?
그것이 없다면 죽어도 여한이 없는 일이요
죽어 가는 순간에도 후회하지 않을 일인가?
그리하여 나의 영혼이 저 세상에서도
충일한 환희를 누릴 수 있는 것인가?

아! 신이 부르는 길은 아니라도
역사가 부르는 길은 아니라도
진정한 내 자신이 부르는 그 길을 나는 지금 가고 있는가

인간이 하는 모든 일이 처음에는 세상적이다
필요성에 의해, 인생관에 의해
자기 삶을 영위하고 가치를 부여한다
점차 운명, 구원, 삶의 의미 같은
존재론적 의미를 간구하게 되고

성찰을 통하여 자신의 삶의
서사적 정합성의 의미를 깨닫게 된다
극한의 깊이에서 만나는 영적 정체성의
운명적 변화에 운명적 의미를 부여하고
준비하고 받아들이고 구현한다
운명이 운명을 바꾸는 것은
자신의 영적 능력 영혼 그 자체 안에 있다
인간은 원대한 정신세계의 심오한 성스러움과 연결돼
끊임없이 교감하며 영적 에너지를 고양해 가는
영원한 진리의 동반자이다

깊고 멀리 보는

영원을 지향하는 사람은
시련의 불꽃 속에서
자신의 영혼의 순수성을 정화하도록 노력하고
시련 속에서 의미를 찾는다
극한 상황에서도 의미 있게 살려고 하는
영원의 눈을 갖게 되고
참되게 노력하는 진실된 마음을 갖는다

보이는 가치를 지향하는 사람은
시련이 닥칠 경우 그것을 부정하고
당장 눈앞에 보이는 쾌락을 추구하며
시련의 뜻을 통하여 자신의 영혼이
성장할 수 있는 기회를 저버리고
자신을 스스로 파괴하는
무의미한 삶을 산다

보이지 않는 가치를 지향하는 사람은
고난의 운명 속에서
자신의 운명을 극복할 소명의식을 갖고
고난 속에서 의미를 찾는다
극한 상황에서도 의미 있게 살려고 하는
성스런 마음을 갖게 되고

참되게 노력하는 진실된 마음을 갖는다

세상이라는 모루 위에서
고난과 시련의 담금질을 극복한
강렬하고 순수한 내면의 힘은
세상을 아우르는 빛이 되고
자기희생의 헌신이 그 깊은
내면의 신성성을 깨우쳐
자기 구원을 이루어 간다

한의 삶과 삶의 한

오만과 기만으로 일그러진 독재자의
비열한 전횡에 희생된 수많은 원혼이
한갓 더러운 정신에 짓밟힌 한을
어떻게 받아들일 수 있는가
이 세상이 인격 도야와
영혼 정화의 필연적인 장으로
선과 의를 향한 지고지순의
순수성이 자리하는 토대로
어떻게 받아들일 수 있는가

패권 전쟁, 종교 갈등, 이념과 영토 분쟁
생태계 위기, 자원 고갈, 의료와 식량 위기
인기 영합 정치와 사회 파편화, 불의의 고착화
과학의 발전에 따른 독점과 양극화
물질만능주의의 경쟁 심화, 비인간화
정치, 경제, 사회, 환경의 불공평, 부조리, 불합리
운명적 슬픔, 무지의 한, 전략의 부재, 어두운 미래
지구촌 시대 무엇 하나 책임지는 주체가 없다
개인을 둘러싸고 있는
받아들일 수 없고 이해할 수 없는 한의 요소들을
어떻게 삶의 한으로 극복해야 하는가

눈물겨운 밥상 서러운 잔 속의
얼비치는 한 맺힌 눈빛
온전히 자기 것일 수밖에 없는
순수를 향한 영적 열망
삶은 그저 그렇게 보이지만
역사적으로 길게 보면
선과 의는 승리했고
사랑은 고귀했으며
희생은 자기 구원을 이루었다

우주적 시간과 공간에서
삶이 한없이 보잘것없게 보일지라도
생명의 대서사시의 그 어떤 균형점을 지니기에
영원의 시간 무한의 공간의
국외자일 수만은 없다
지고지순의 영적 열망 그 정신의 진실이
영원의 진리와 맞닿아 있기에
한의 삶은 삶의 한으로
내적 순수성의 일치를 지닌다
인간의 삶에서 가장 중요한 것은
운명적인 스스로의 삶을 직시하고
신성의 빛 안에서 불멸의 영혼 그 영원의
자기 구원을 이루는 데 있다

죽음의 평등과 인간의 숙명

인간에게 단 하나의 완전한 평등은 죽음이다
죽음의 관문이 없는 인간이 존재한다면
세상은 얼마나 더 불평등할까
태어나는 것이 축복이듯이
죽음 또한 축복으로
정신세계의 새로운 시작이다
죽음이라는 평등은
사는 동안 내면의 깊이와 인격의 도야를
평등하게 숙명적으로 요구하고 있다
어머니의 조건 없는 사랑을 받은 자녀가
사후에 어머니를 만나고 싶은 간절함은
이 세상을 너머서는 것
하물며 무한한 사랑을 받은 인간이
자신의 영혼의 주인을 만나고 싶은 마음은
인간의 정신에 근원적으로 내재된 본성이다
새로운 생에서 요구되는 것은
영속되는 정신적 영적 가치의 상승일 것이기에
이 세상에서 삶의 영원한 의미의 깊이를
깨닫고 실천하는 것은
누구에게나 평등하게 요구되는 죽음처럼
인간의 운명이자 숙명인 것이다

변화

세상이 바뀌기를 원하는 것보다
자신이 바뀌는 것이 가장 빠른 길이다
세상의 어려움은 피한다고 해결되지 않으며
인생의 길이 좁아질 뿐이다
시련을 피하기보다 받아들이고
도약의 디딤돌로 삼는 것이 더 현명한 것
선과 악 기쁨과 슬픔 행복과 불행 등
인생은 양면적이며 그것들을
내 것으로 더 깊숙이 받아들일 때
온전히 나의 것이 되고
진실로 가치 있는 무엇인가를
다시 시작할 수 있게 된다
세상이 혼탁할수록 내 안의 정화 능력은
잠재된 경쟁력과 내적 에너지로
미래의 전략적 우위를 점하게 한다

자신을 바꾸지만 세상이 바뀌지 않게 보이는 것은
선하고 의로운 것은 역사적으로 유유히 바뀌기 때문
어떤 지류들에서
혼탁한 물이 흘러 들어온다 하더라도
큰 강물과 같은 마음으로 인내하고 받아들인다면
결국 맑아지게 된다
서로의 보이지 않는 선으로

세상은 더 나은 미래로 나아간다
더 좋은 세상을 되게 하는 것보다
가치 있는 일은 없는 것

어둠 속에서 빛이 태어난다
삶은 자신의 도전적 환경을 온전히 받아들이고
그것을 극복하는 과정에서 축적된
내면의 무한한 에너지를
발산시킬 수 있을 때 빛을 발한다

봉정사

봉정사 무량해회 벽면에
해맑게 웃는 선남선녀의
사진 2장이 걸려 있다

  출가

  자유의 길
  평화의 길
  행복의 길

내려오다 줄기보다 더 굵게
절벽에 뿌리를 내린
느티나무 몇 그루를 보았다

영원의 존재

자신을 낮추는 것은
자신을 높이는 것
헌신과 사랑도
열정을 줄이기보다는
열정을 증가시키는 것
물질은 많아야 많은 것
쓰면 줄어드는 것

이렇듯 정신과 물질은
원인과 결과가 근본적으로 다른
별개의 실체이다
그릇 속에 담긴 물이 그릇이 깨졌다고 없어지지 않는다
그 물은 흘러 무엇의 원천이 되는지
어떤 순환의 고리를 이루는지 모른다
하물며 그릇에 담긴 것이 비물질적 실체라면
그 정신적 영적 원대한 의미를
어떻게 알 수 있겠는가?

결국 인간은 순명한 소명의식을
가질 때만이 영적 가치가 살아나는
존재일 수밖에 없다
자신을 낮출수록 인품이 높아지고

마음을 비울수록 내면이 커져 가는
순명한 정신만이 영원성을 지니는
숙명적 존재일 수밖에 없다

심연

모든 것에는 본질적인 고유의
알지 못하는 깊이가 있다
우주 그 자체 극대와 극미로 갈수록
인식 이해 판단의 문제가 발생한다
언어 사변 사물 현상 각각은
인간의 능력으로 극복할 수 없는 심오한 심연
본질이 존재에 선행하고
본질적 특성의 깊이의 심연
본질의 내면적 질서와 조화의 절대성이 존재한다

빛과 시공의 시작과 끝을 알 수 없기에
물질과 생명의 진실을 정확히 알 수 없다
허수를 가정해야 수학을 완성하고
영원과 무한의 심연을 알아야
시간과 공간의 완전성을 기할 수 있으며
빛의 순수성 창조성을 긍정해야
물질과 생명의 존재의 원리가 완성된다
불완전한 인간이 깊이를 추구할 때
깊이의 깊이 그 심연을 깨닫기 위해서는
존재의 원리 이면에 있는
모든 것의 질서와 조화의 절대성이 필연적으로
우주의 물질적 정신적 완전성임을 깨닫는 것이다

마음의 향기

들장미 담장을 지날 때
걸음을 멈추고 눈을 감게 하는
영혼의 영원 속으로 이끌리는
마음의 향기

인간의 오감의 감각은
감각만 있고 정신은 없는
생명들의 극히 작은 부분
그러나 정신은 그것의 정반대

인간이 자연에 존재하는
심오하고 초월적인 감각들을
인식 이해 판단할 경우
경외감을 갖고 보게 되는
경이로운 내재적 질서

오감의 경계선 너머
상상력의 섬광이 빛날 때
인간이 자연과 온전한
내적 일치를 이루는
영적 자각 마음의 향기

삶의 의미

삶의 의미는 사회적 의미와
영적 의미로 이루어진다
사회적 의미는 과학 문명 법과 제도에 의한 환경적 의미
정의 도덕에 의한 도덕적 의미
학문 예술에 의한 지적 의미가 있다
영적 의미는 영혼의 영원성에 의한 시간적 의미
신성과 교감하는 초월적 의미
우주의 근원적 정신 사랑에 의한 사랑의 의미가 있다

사회적 의미는 세상적 욕망에 의해 추구되며
영혼에 미치는 영향은 제한적 일시적이다
그러나 영적 의미는 무한히 지속적으로
깊이와 의미의 영속성을 지닌다
영혼 그 심오하고 경이로운 정신은
영혼의 가장 깊은 언어 사랑에 의해
우주의 배후에 있는 원대한 정신세계의
기본적 구성 요소가 된다
세상을 떠난 영혼이 우주의 정신과 합일하는 것은
존재의 필연적 원리의 한 부분
삶의 우주적 서사성 그 영원의 합목적성을
깨닫고 구현하는 것은 삶의 의미의 궁극을 실현하는 것

존재의 필연성

인간의 영혼은 어떻게 될까?
육체와 함께 사라지는가?
영원히 존재하는가?
또는 생멸과 순환을 반복하는가?

육체는 단지 영혼을 담는 그릇
그릇도 원인이 존재하나
정신의 원인의 전체적인 유기적 연결성이
사라지는 것은 비이성적이다

물질의 원리를 있게 한 정신의 원인은
존재의 영원성을 필연적으로 지니며
물질의 생멸과 순환 너머의
초월적 존재이다

자유와 책임의 서로의 구속은
인간의 영혼만이 아닌 우주적 정신의
그 자체 본질적 인과관계
영혼의 서사적 합목적성의 무한의 깊이는, 결국
우주의 서사적 정합성의 절대성 안에
영원히 존재하는 필연적인 것이다

하우현 성당

죽게 될 줄 알면서 무엇이 그를
이 무지막지한 나라로 오게 했을까?
오! 주님 그의 영혼이
당신의 곁에 있음을 굳게 믿습니다
이 초라한 성당 한편에 우뚝 솟은
저 훤칠한 젊고 순결한 영혼
150년이 지난 지금 이 순간에도
그는 이 나지막한 땅을 아득히 굽어보고 있다

선교의 열망 하나로
하나님의 부름에 응답한
성스러운 빛나는 영혼이여!
이 무지몽매한 어둠의 나라에
믿음의 씨앗을 뿌린 위대한 정신이여!
하나님 앞에 헌신하여 세상의 승리자가 되신 이여!
그 피 끓는 신념과 숭고한 희생으로
이 땅에 빛나는 믿음의 초석을 세웠도다

산비둘기 구슬피 울고
산벚꽃 눈부시게 흐드러지는 날
아련한 봄이건만 산 중턱 순교지
해거름에 산그늘 길게 드리우고

고뇌의 어스름이 짙게 내려앉는다
찬 바람에 별빛은 더 뚜렷하고
하늘의 빛나는 별들만큼이나
마음속의 별들이 일렁이는 봄밤

숙명적 소명

무한의 공간과 영원의 시간 속에서
우주 속의 작은 점인 지구 속의 순간의 삶을
어떻게 이해해야 하는가
무한히 작기 때문에 의미 없는가
무한히 큰 것에 대한 심오한 기대감을 가져야 하는가
아니면 물질적 시공과 관계없이
정신적 의미를 찾아야 하는가
물질의 중요성의 기준은 인간에 의한 가치이다
정신의 중요성의 기준은
신성에 대해 감응하는 영혼의 깊이이다
삶의 궁극의 목적은
영혼의 영원성을 구하는 것이며
그것은 우주의 배후에 있는
우주의 정신적 원리와의 감응의 정도에 있다
인간은 신성과의 내적 일치를 이루기 위해
최선을 다해 살아야 하는 숙명적 소명의 존재이다

무지

질량과 무게가 없는 빛이
거대한 별들을 탄생시키고
가장 가벼운 수소가 타고 남은 재에서
수소보다 무거운 원소가 태어나고
별들의 모체가 된다
우주의 물질적 원리의 무한의 깊이는
완전한 절대성을 지닌다
인간은 육체적인 존재이나
보다 높은 차원의 정신적인 존재이기도 하다
질량과 무게가 없는 정신 활동이
소중한 가치가 있는 것들을 만들고
세상을 의미의 장으로 이끈다
그러나 이 세상의 모든 현인들은
자신이 진리를 알지 못한다는 사실을 알고 갔다
이 세상의 모든 시인은 어떤 시도
의미의 한 부분일 수밖에 없다는 것을 알고 쓴다
인간은 물질과 정신의 우주적 심오함에 경외감을 갖고
무지의 궁극을 향해 가는
무한의 깊이의 영원성을 지향하는 숙명적 존재이다

무한

무한에서 유한은 동일하나
유한에서 무한은 별다르다

무한을 무한의 가능성으로
있게 하는 존재
유한하나 무한에
닿아 있는 정신

영원의 가치를 지닌 인간이
순간의 가치에 매몰된 구조에
고뇌의 근원이 내재한다

무한을 얻기 위해
유한을 비우는 것
영원에 잇기 위해
순간을 내리는 것

작으나 무한한 것

합목적성 1

인생의 가을
세월이 흐르며, 삶은
어디론가 흘러가는에서
어디론가 향해 가는
즉자적 관점에서
대자적 관념으로
객관적 상념에서
주관적 신념으로 나아간다

본질적 속성으로 변화하는
생사의 숙명 속 반향하는
물질과 정신의 소용돌이 속
그리고 구하고 기리는
정신의 구심점을 향하는
명징하고 순전한 영혼
삶의 서사적 정합성
그 영원의 합목적성

영원성 2

인간과 신 사이에는
넘을 수 없는
불가침의
시간이라는 영원의 강이 존재한다

그러나 영원을 향한 갈망이
영원성을 이루는 두 가지 길이 있다
하나는 내적 갈망이
자연의 원리와 통일성을 이루는
예술 작품을 통해
인간을 향한 영원성을 이루는 길이다
다른 하나는 내적 갈망이
신성의 빛과 순전히 교감하여
자신의 영혼이
영원성의 삶의 의미를 구현하는 길이다

육체는 사라지고
영혼은 이어지나
어떤 존재가 될 것인가는
신의 관점에서 자신을 구현하는 것이다

무시간적 존재들

빛은 영원한 현재로서 영원성을 지닌
시간 속에 존재하지 않는 신성의 한 부분
빛은 우주가 존재하기 전에 존재했거나
우주와 함께 출현했거나 적어도
우주 탄생의 시원적 근원으로 존재하기에
빛은 시간의 종속자가 아니라
구속자로 존재한다

수학은 우주의 존재와 관계없이
지성적 사고 이성적 관념에 의해 인지할 수 있는
시간 속에 존재하지 않는 영원한 존재이다
초월적 진리에 대한
믿음의 원천으로서 순수수학은
무시간적 정신적 원리이며
우주의 아름다움을 수학으로 증명할 수 있는 것은
수학의 초월성의 명백한 증거이다
수학은 자연의 언어이다

고도의 정신으로 발견해 가는
과학의 경이로운 정교한 질서
예술가가 간구하는 보이지 않는
세상 너머의 영적 초월성

인간의 내면에서 살아 숨 쉬는
선과 의를 향한 진실한 도덕적 열망
이 세상과 세상 너머의 진리를 향한
지고지순의 영적 갈망은
우주의 배후에 근원적으로 존재하는
무시간적 영원한 존재들이다

안식

오! 주님
주님의 자비를 겸허히 구하노니
이 영혼을 주님의 안식처에 거두어 주옵소서

영원을 갈망하던
사랑과 슬픔과 고뇌의 영혼이
평온한 쉼을 누리도록 하여 주소서

주님의 경이로운 그 정신세계에서
내적 평안을 누리는 작은 영혼
주님의 영원한 자녀가 되도록 하여 주옵소서

종교와 평화

인간의 영혼은 신성의 씨앗이 스며 있어
핍박받을수록 내면에서 꽃피운다
정치와 결탁한 종교는
역사적으로 항상 부패하고 타락하였다
현재의 세계에서
종교를 인정하지 않거나
종교가 권력의 시녀가 되었거나
종교를 외적으로 강제하거나
참다운 종교가 뿌리내리지 못한 국가가
세계 질서의 악의 근원이다

종교 자체를 인정하지 않는 정치체제의
인간의 삶이란 참혹하기 그지없다
이 세상에서 삶의 진정한 가치는
내면의 깊은 의미를 깨닫고 실천하는 것인데
영혼의 가치 추구 활동이 원천적으로 차단되니
인간으로서 참된 삶을 살 수 없다
진실은 없고 권력자의 입맛에 맞는
거짓과 가식만이 난무한다
종교가 권력의 시녀가 되었거나
종교를 외적으로 강제하는 국가도 다르지 않다
종교가 권력의 선전 도구가 된다는 점에서
사회선이 아닌 사회악을 조장한다

참된 종교가 뿌리내리지 못한 국가는
그 국가의 중심 정신이
양심 있는 평범한 한 개인보다 못하다
닫힌 마음의 국수주의적이고 반역사적인
소수의 극렬주의자들이 인기 전술로
국민을 오도하고 국가를 파멸로 이끈다
침략 전쟁을 일삼고 반성과 참회도 없다
수많은 인구의 거대한 국가가
도덕적 정체성이 없기에 허무하게 무너진다
불의에 제동을 거는 양심 세력의
저변이 없기 때문이다

종교의 본래 목적은
이 세상의 한시적이고 물질 지향적인 무의미한 삶에서
영원하고 진실된 삶의 숭고한 의미를 깨우치게 하는 것
신의 존재를 믿고 삶의 진실된 의미를 간구하는
선과 의와 사랑의 마음 깊은 사람들이
사회 저변에 확대될 때
사회도 국가도 세상도 평화롭고 행복한
인류가 염원하는 이상적인 세상이 될 것이다

두 가지 불안

인간은 왜 사는지
어떻게 살아야 하는지 같은
삶의 의미에 대한 불안과
자신의 영혼이 어떻게 존재하는지
어떤 존재가 될 것인지 같은
존재의 불안이 있다
불안의 원인은 삶의 본질과
영혼의 진실을 알지 못하기 때문
의미의 불안과 존재의 불안은
하나의 실체이다
정신과 영혼의 문제이며
생과 사의 문제이다

인간은 행복하기 위해 산다
참된 행복의 궁극의 실체는
진실된 삶의 의미와 다름 아니다
일회적 생명의 소중한 기간
자유의지, 도덕성, 가치관이 어우러진
영혼의 자기 구원을 향한 영적 열망
우주를 감도는 영원의 진리
인간의 장엄한 서사적 실재는
우주적 정신의 존재의 원리와
필연적 연결성을 가질 때

삶의 합목적적 영원성
진실된 삶의 의미를 얻는 것이다

생과 사

죽음이 사라지기 때문에 두려운 것이 아니라
알 수 없기 때문에 무섭고 두렵다

사랑보다 이별이
사는 것보다 죽는 것이 더 큰 문제이다

죽음의 의미를 알기 위한 것은
삶의 의미를 알기 위한 것

죽음에서 교훈을 얻지 못한 삶은 무의미하며
삶에서 교훈을 얻지 못한 죽음은 공허하다

삶과 죽음은 서로를 비추이는
신의 거울 속의 동일체이다

죽음이 다른 모든 것과 연결되어 있기에
삶의 의미는 죽음의 존재 이유와 다르지 않으며
우주의 존재 이유와 동등하다

죽음

삶을 아는 것과
죽음을 아는 것은 같은 것
세상을 살아갈 때 불행 비극 슬픔만이 넘쳐나는
상처받은 영혼이 침묵하는 수난자가
오직 절망만이 진실인 것처럼 세상은
오도하는 것 같다

인류 역사의 전통적 초월 체계는
지식이 아닌 지혜의 초월성을 가리킨다
존재의 영원성을 객관적 지식으로 표현할 수 없기에
침묵 대화 모순의 비유적 상징성으로
내적 변화를 일으킨다
정신의 서사의 깊이는
전체적 통시적 역사성을 지닌다

영혼의 영원성과 관련된 진리를 깨닫지 못한 죽음은
무의미할 수밖에 없다
죽음을 직시할 때 죽음 그 자체는 의미를 상실하고
이면의 비가시적인 영속성을 드러낸다
고통의 끝으로서 죽음이 아닌
고통의 의미의 실현으로서의 죽음
초월적 정신의 현현이 실재하는 죽음이 된다

심판

자신을 희생하여 시대정신을 구현한
비범(非凡)한 사람
끝끝내 올바름을 지키고자 한
비장(悲壯)한 사람
삶의 숙명을 슬픔으로 안고 살다 간
비순(比順)한 사람
이득을 위해 자신의 영혼을 판
비천(卑賤)한 사람
목적을 위해 수많은 사람들의 영혼을 빼앗은
비열(卑劣)한 사람

최소한 다섯 가지의 비를 심판하기 위해
신은 존재해야 한다

10년

깊은 병에 걸린 지인들을 문병했을 때
10년만 더 살 수 있다면이란 말을 자주 듣는다
죽어 가는 사람에게 10년이란 무엇인가를
이룰 수 있는 시간으로 인식되는 듯하다
(그 후 아무도 10년을 더 살지 못했다)
이 세상의 가치를 실현하겠다는 것은 분명 아닐 것이다
그분들의 말에서 내밀한 진심이
참회의 눈물로 묻어남을 보았다

존재론적 의미를 이루고자 하는 열망이
왜 죽음 앞에서만 발현되는가?
왜 인간은 보이는 가치만을 추구하고
보이지 않는 가치는 저버리는가?
저 세상의 가치가 영원하고 무한하리라는 것을
죽어 가면서야 깨닫게 되는가?
영혼과 육체가 함께 오지만 영혼 혼자 가게 되는 이 세상
영적 창고를 채워야 하는 것은 인간의 운명

죽어 가는 사람이 더 성공하지 못했음을
더 즐기지 못했음을 한탄하지 않는다
더 인내하고, 사랑하고, 진실하지 못했음을,
결국 자신을 더 알지 못했음을,

영적 깊이를 더하지 못했음을 한탄하는 것이리라
인간은 신성의 씨앗이 깃들인
영혼의 가치를 고양해야 하는 숙명적 존재이다
삶이란 숙제의 고귀한 의무를
더 일찍 그리고 더 깊이 깨닫고 구현한 영혼에게
영원성이 주어질 수밖에 없는 존재인 것이다

자기완성

영혼은 나이를 먹지 않으니
육체의 시간과 관계없이
육체를 떠날 때 항상 최선이다
저 세상 잣대는
이 세상 잣대와 다르리니

이루지 못한 소망 사랑
다하지 못한 고뇌 슬픔
인간의 의미의 모든 것
저 세상 기준을 깨닫는 것이
이 세상 가장 큰 의미이리라

영혼은 진리의 빛으로부터 와서
신성의 씨앗이 깃들어 있으니
시간의 지배를 받지 않는다
삶의 진실된 의미는 불멸의 자아인
영혼의 영원한 자기완성이리라

어디론가 흘러가는

원대한 우주의 질서 속에서
구성 존재들의 필연적 연결성
장구한 생명 과정에서
순간의 소멸 과정의 동질적 숙명
동시대의 동일 공간에서
같은 방향으로 흘러가는 생명들의 전체성
내가 그들을 관조하듯 그들도 나를 주시하는
한 배를 탄 신비하게 조화를 이루는
이 장엄한 우주의 놀라운 존재들

사색의 문이 열리려 할 즈음
생각이 순수하던 이상의 꿈을 꾸던 시절
먼-먼 과거 언젠가
비슷한 환경에서 비슷한 생각을 했다는
느낌을 갖곤 했다
50년의 세월이 흐른 지금도 전혀 변함없이
나는 그것이 전-전 생명들의
흔적이라고 생각한다

호젓한 천변이나 숲길에서 바람이
나무들과 꽃무리와 풀잎들을 스쳐 갈 때
바람의 숨결 순결한 숨결의 향기

바람은 그들과 이별하여 어디로 가는 것인가
그들 모두 금명간에 서로 이별하게 될 것이다
나 또한 머지않은 장래에 이 익숙한
사랑의 장을 이별하여 어디론가 흘러갈 것이다
생명의 위대함을 보이는
이것들이 인생의 기쁨일지 모르나
존재의 슬픔인 것은 진실이 너무 멀기 때문이다
깊을수록 장엄하나 아득한 푸른 하늘처럼

영원의 자유

예술은 위대하나 제한적이다
시각적 상상력은 빛의 빛깔과 형상 명암이
청각적 상상력은 소리의 빛깔(음색)과 형상(고저) 명암(음정)이
기본 구도를 이루는 상태에서
빛과 소리에 투사된 인간의 감각이
가시광선의 시각과 가청음파의 청각에 의해
내적 울림의 공명을 이룬다
극히 제한적인 영역 내의
빛과 소리라는 물리적 울림의 공명이
거의 무제한적인 내면세계의 정신적 울림의 공명과
조화의 깊이를 더하는 것은 제한적이다

과학도 위대하나 제한적이다
물리적 원리의 완전성을 추구하나
진리 앞에서 작아질 수밖에 없는 것은
물리적 원리가 이미 주어진 상태에서
우주적 정신의 절대성 안의
질서를 이루는 존재이기 때문이다

우주적 정신은 전 우주의
전체적 전일적 정체성이기에
인간이 원대한 정신세계의 진정한 자유를 얻기 위해

진리에 관한 내적 확신

초월적 존재에 대한 신념은 필연적이다

인간은 무한의 상상력과 그 결실을 통하여

내면세계의 정신적 깊이에 부합하는

영원의 자유를 이루어야 한다

13장

성찰

Light

Time

and

Life

큰 그릇

신은 평생 다 볼 수 없는 큰 그릇을 주었기 때문에
성찰의 끝에서 영원의 눈으로
자신의 진정한 내면을 보아야 한다
자신을 모르고 무엇을 얻고 무엇을 남길 것인가?

신은 평생 다 닦을 수 없는 큰 그릇을 주었기 때문에
연마를 게을리해서는 안 된다
앞서의 갈고닦은 빛나는 영혼들을 좇아
일생을 일관하는 자신만의 비범함을 지녀야 한다

신은 평생 다 채울 수 없는 큰 그릇을 주었기 때문에
다 채우지 않고 그칠 줄을 알아야 한다
또한 시작이 다를지라도 어떤 환경에서도
최선에 이르는 서로 다른 재능을 타고났다

신은 평생 다 쓸 수 없는 큰 그릇을 주었기 때문에
여명의 세상을 위해 자신을 쓸 줄 알아야 한다
지고지순의 도덕적 영적 열망
역사적 깊은 향기를 남길 수 있어야 한다

신은 평생 다 알 수 없는 큰 그릇을 주었기 때문에
크고 높고 분명한 것에 집중해야 한다
많은 것을 알려고 하기보다
중요한 것을 깊이 알아야 한다

과거 현재 미래

현재의 삶의 에너지는 미래에 있어
인생은 미래를 사는 것
위대한 인생은
더 먼 미래를 더 깊은 신념으로 산다

또한 현재의 삶의 에너지는
과거에 있다
비범한 인생은 과거를 거울삼아
더 먼 미래를 더 넓은 안목으로 산다

과거는 미래의 거울이 되고
미래는 현재를 담보하여
현재를 사는 지금 이 순간은
항상 과거와 미래가 하나이다

인간은 과거의 뛰어난 영혼들을 좇아
빛나는 삶을 살게 되고 그 빛은
미래의 또 다른 빛이 된다
과거와 미래와 더불어 현재를 사는
시간을 초월하는 삶을 사는 것이다

의도적이라도

의도적이라도 자신을 낮추면
주위의 빛이 부드러워지며
고운 사랑의 빛이 흐르는 것을 느낀다

의도적이라도 자신을 비우면
주위의 기운이 순수해지며
맑은 사랑의 빛이 넘실대는 것을 느낀다

의도적이라도 고독해지면
고요의 심오한 진실이 다가오며
깊은 사랑의 빛이 자리하는 것을 느낀다

의도적이라도 자신을 맡기면
모든 것이 다 신성의 한 자락으로
존재의 한 부분이라는 신성의 빛을 느낀다

행복

독서하는 행복
읽은 글귀가 되뇌어지며
어느 먼 과거의 어느 적 내용과
필연성 유사성을 지니는지
지적 열기로 충만되는 행복

사유하는 행복
내 눈앞의 사물과 현상들
영원의 시간 무한의 공간을 지나
천상의 빛깔과 형상과 이미지를 지닌
그 존재의 원리를 사유하는 행복

자유로운 행복
진정한 자아와 순일한 일치를 이루기 위해
내면의 우주 무한의 깊이를 깨닫기 위해
세상을 관조하는 여유를 갖고
자발적 집중된 고독을 즐기는 행복

성스러운 행복
사랑의 근원을 사랑하는 행복을 모르고
진실한 행복을 안다고 볼 수 없다

참사랑 참행복을 얻기 위해
영혼의 영원성 안의 기쁨을 추구하는 행복

기쁨과 슬픔

기쁨은 쉬이 잊혀지나 슬픔은 오래 남아
내면의 어딘가에서 삶의 의미의 핵심을 쥐고 있다
기쁨은 가시적이나 슬픔은 그 깊이를 알 수 없이
미지의 세계의 오래된 뿌리의 생명력처럼
보이지 않는 곳에서 모든 것을 이루게 한다

기쁨은 오감의 영역에서 나타났다 사라지나
슬픔은 정신의 영역에 침잠하고
신비의 영적 영역에서 진정한 자아와 교감한다
설령 기쁨을 그리워할지라도 슬픔이 외롭지 않은 것은
슬픔만의 고뇌의 의미가 깊은 뿌리처럼
살아 숨 쉬기 때문이다

보이지 않는 곳에서 아름다움을 만들고
결실을 맺게 하는 뿌리처럼
슬픔을 통하여 운명적 고뇌의 의미를 새기고
그 뜻을 실현하는 일은 삶의 의미의 결실을 맺는 일
존재의 의미를 간구하는 고뇌하는 영혼에게
신의 존재는 본질적인 문제
이슬 맺힌 눈빛이 더 반짝이는 법
신성성은 새로운 시각으로
본질의 아름다움과 본성의 위대함을 드러낸다

신과의 거리

신과의 거리가 멀다고 느낄수록
영적 성장은 깊어지며
신과의 거리가 가깝다고 느낄수록
영적 성장은 퇴보한다

그 절대성을 헛되이 가늠하기보다
무지함을 깊이 인식하고
보잘것없음을 진솔하게 드러내는 것이
신의 본성에 더 가까이 가게 됨을 알게 된다

신성을 받아들이기 위해 비워진
가난한 마음의 순결한 여백은
떠오르는 햇살을 받으며 반짝이는
미명의 설원처럼 빛날 것이다

인간의 욕망은 세상의 것으로 가속화되고
오만으로 더럽혀진 때 묻은 마음의 창은
세상 너머를 자신만의 기준으로 평가하여
삶의 의미의 가장 소중한 부분을 원치 않게 놓치게 된다

차원이 다른 세계의 존재와 영원은
심오한 신성의 영역이고
인간의 영혼은 그 원대한 정신세계에서
영원히 존재해야 하는 궁극의 실체이다

정치가의 구원

영리한 정치가는
국민만 보고 가겠다고 소리 높여 외친다
훌륭한 정치가는
정치 인생을 역사에 걸겠다고 힘주어 말한다
위대한 정치가는
영혼의 중심 정신에 헌신하겠다고 신에게 기도한다

타인을 의식하는 정치가는
부패하기 쉽고
역사를 의식하는 정치가는
오만의 아집에 빠지기 쉽다
우주의 정신적 원리를 간구하는 정치가는
자신을 희생하고 자신을 구원한다

생명

사람은 자신이 원하여 이 세상에 태어나지 않았고
원하여 저 세상에 가지 않는다
사과나무에서 사과가 열리지만
사과의 주인은 사과나무도 사과도 아니고
나무를 심은 사람의 것이듯
사람 목숨의 주인은 부모도 자신도 아니고
자신을 있게 한 차원이 다른 정신적 존재의 것이다
원대한 생명의 우주
그 무한의 깊이를 누가 알 수 있는가?

자기 것이 아닌 것을 없애는 것은 죄악이다
없어지지 않는 것을 없애는 것은 무지이다
현생의 삶이 썩은 사과처럼 보일지라도
누구나 미래의 사과나무가 되는 과정에 있다
생명의 대서사시에서
모든 개개의 생명은 존재의 한 축으로
서로 연결되어 있기에
아무리 작은 존재라 할지라도 고유의 의미가 있다
아무리 작은 정신의 씨앗이라도
우주의 대서사시의 어떤 균형점에 있고
신 안에 그 생명의 궁극의 합목적성이 있다

재벌의 고독과 슬픔

자가용 비행기를 타고 공항을 통해 입국하는
어느 재벌 회장을 사장단이 맞이하고 있다
만면에 웃음을 띠고 질문들이 쏟아지고,
여러 사진 중에 슬픔이 가늠한 옆모습의 사진도 있다
부란 없으면 불편하고 고통스럽기까지 하나
많이 있다고 좋은 것만은 아닌 것 같다
삼십 대 재벌 회장의 평균수명이
일반인보다 몇 년 짧다고 한다
얼마나 신경 쓰이는 일이 많고 고통스러웠으면
또는 더 커진 욕망을 채우지 못한 갈증이 심했으면
수명까지 단축되는 것일까?
고독하고 허전하고 허무해 보이는
유달리 쓸쓸해 보이는 슬픈 얼굴
누구 하나 자신을 위해 고언을 하고
허심탄회한, 인간적인 대화를 나누고
농담도 하며 웃을 수 있겠는가?
한시적인 이 세상 속 삶에서
부를 쌓으면 쌓을수록 자기 것이 아닌 것 같은
또는 진실로 가치 있는 것이 아니라는
허무함과 무상감을 느낄 것이다
부의 원천인 이 세상에 대한 죄책감
도덕적 책무로 괴로울 수도 있고
과도한 경쟁의식의 스트레스와
수많은 대내외적 조직들의 이기적 투쟁을

극복해야 하는 괴로움도 있을 것이다
부유하다고 마음 편하고 행복하고 좋은 것만은 아니다
가난하지만 소박함 속에서 나누는
따뜻하고 애틋한 정은 얼마나 아름다운 행복인가
화려한 빛에 둘러싸여 보이지 않거나
때 묻은 마음의 창으로 보지 못하는 것보다
평범함 속에서 비운 만큼의 여백을 갖고
자신을 더 많이 알고 가는 것이 더 진솔한 삶은 아닐까?

멀리 보기

인생을 멀리 보고 삶의 가치를 정립하는 것은
장기간에 의미가 실현되고 강화되는 것
자신감과 신뢰감을 계속 쌓아가
어떤 높은 목표라 하더라도
그것을 결국 이루어 낸다
광막한 우주를 보고
자연의 원리와 존재의 신비를 생각하듯
한 인간의 일생은 자신의 내면의 우주에서
삶의 진실된 의미를 깨우치고
자기 구원을 이루어 가는 장이다

더 큰 일을 더 정확히 알 수 있으면
모든 것을 얻을 수 있다
세상 너머의 아득한 일까지도 알 수 있다면
얻을 수 없는 것이 없다
이 세상에서 얻어진 것은
이 세상이 끝인 것과 이 세상이 시작인 것 두 가지다
오감의 갈망으로 얻은 것은 끝이지만
마음의 눈으로 마음의 창에 쌓은
성스런 마음의 빛은 원대한 정신세계의 시작이다

오! 인간의 정신

깊이의 무한함이여
진실의 무구함이여
영혼의 영원함이여!

결핍과 충만

풍족하게 사는 것은 좋은 것만은 아니다
좋은 것을 쉽게 잃을 수 있는 삶이다
가난하게 사는 것은 나쁜 것만은 아니다
좋은 것을 많이 얻을 수 있는 삶이다
오감의 풍부한 유혹을 절제하는 것은
결핍을 극복하는 인내보다 더 어렵다
절제 없는 삶은 육체는 만족하고
정신은 고갈되는 상황을 반복하여
무의미한 결과로 끝나게 된다
인간이 세상을 뜨면서 한없이 외로워지는 것은
진정한 자아를 만나지 못했기 때문이다
통속한 삶을 좇아 시류의 흐름에 흔들리다
의미 없이 순식간에 생의 끝자락에 서게 된다

가난한 삶은 극복하는 과정에서
정신적 풍요를 누릴 수 있다면
더 바람직한 삶이 된다
내면의 깊이를 더하여 내적 자유를 얻는 것은
삶의 가장 소중한 가치를 얻는 것이다
어느 분야든 의미 있는 결과를 얻은 자들은
인생을 깊게 멀리 보고
정신적 가치를 우위에 두는
자기완성의 정신을 실현했다

원하는 것을 다 갖는다 하더라도
물질적 욕망은 충족되지 않으나
부족해도 아끼고 나누면 마음이 충만해지는 것은
물질에 대한 정신의 진실이
물질의 충족이 아니라 절제에 있다는 것이다
안빈하는 소박한 삶은 삶의 중심을 내면으로 이끌어
그 영원한 내면의 우주에 안착하게 한다
삶의 여정에서 시련이나 결핍이 소중한 기회라는
깊은 사유의 정신은
의미 있는 내적 가치의 세계로 자신을 이끈다

생각이 행동과 습관을 통하여 운명을 바꾸게 하듯
진정한 자아를 찾는 것은
내면의 우주에서 진실로 가치 있는 의미를 깨닫게 한다
모든 인간에게 삶의 우주적 서사성은
영혼의 빛이 신성의 빛과 교감하며
초월적 존재와 합일하는
그 영원의 합목적적 정합성에 있다

창조

138억 년 전 어느 순간 어느 특이점에서
무한의 에너지가 폭발하여 우주가 출현했다
시간의 시작점에서 영원의 세계가 창조되었으며
공간의 시작점에서 무한의 우주가 창조되었다
시간을 초월하는 것은 빛뿐이므로
시간은 빛에 의해 창조되었다
또한 빛과 시간에 의해 공간이
그리고 빛과 시간과 공간에 의해
물질과 생명이 창조되었으므로
결국 빛에 의해 무한의 시간과 공간
물질과 생명이 창조되었다
실증적으로 빛이라는 무한의 에너지는
무한의 시공과 물질과 생명의 근원이다
우연의 일치로 우주가 생겨났는가?
출현의 시점 없이 끝없이
생성 소멸 순환하는 존재인가?
또는 인간의 능력으로 알 수 없는
차원이 다른 세계 중의 하나인가?

무한에서 무한은 인간의 실증 영역 밖이다
자연의 신비는 과학의 영역이나
인간의 신비는 신성의 영역이다
과학의 궁극이 우주의 질서를 이해하는 일이라면

우주의 조화와 균형은 신성을 이해하는 일이다
서로 다른 영역의 접합점에서
인간은 그 이면에 있는
진실을 추구해야 할 신성한 의무가 있다
우주 창조는 무한을 무한의 가능성으로 있게 하는
절대적 권능의 고도의
창조 행위로 보는 것이 논리적이다
상상을 초월하는 정향적 초정밀성 초정합성
의도된 정교한 통제 등에 의해
이 우주 창조와 존재의 모든 원인의 제1원인으로서,
질서 조화 균형의 주체로서, 신의 존재를 추론하는 것은
가장 합리적 이성적 추론이다

인공지능

상상을 초월하는 데이터를
더 빨리 심도 있게 분석할 수 있으니
정보 혁명의 총아임이 분명하나
그 본질은 이익 극대화의 기계일 뿐이다
어떤 분야보다 자본과 기술의 독점력이 가속화되어
결국 승자 독식의 정글의 법칙이 지배하게 되고
개인의 노동의 자유와 권리는 침해될 수밖에 없다
인공지능의 정답이
인생의 정답이 될 수 있는가?
인공지능이, 모방과 학습의 극한이
창조의 경계선에 이른다 하더라도
그 궁극의 목적은 이익 극대화이며
독점적 측면의 수많은 윤리 문제들을 가져온다

예술이 자연의 모방일 때
인간의 성스러운 예술혼이 스며들지 않으면
작품의 격이 높을 수 없다
어떤 문학작품도 눈물에 비치는 환희가 없다면
어떤 음악도 영혼을 울리는 비장미가 없다면
어떤 미술도 내면을 흔드는 형상미가 없다면
작품의 격이 낮아질 것이다
아바타가 아무리 아름답다 하더라도
영혼 없는 아름다움이고

컴퓨터 그래픽이 아무리 사실적이라도
이미지의 아름다움 깊이 공감 울림 등에서
현실성과 거리가 멀다
자연미와 인공미 사이에는 건널 수 없는
영혼의 강이 존재한다
인공지능이 대단하지만
인간의 숭고한 영역 선과 의, 사랑과 헌신 등
역사적 소명은 변치 않고
인간만이 지닌 심오한 사랑의 주파수는
창조의 영역 안에서 그 초월적 의미
위대한 여정을 지속할 것이다

품격

부자가 인색하게 구는 것은
비천하게 보인다
가난한 자가 인색하게 구는 것은
그럴 수도 있다고 생각되고 아무렇지도 않다
고위 관료가 투기 행위를 하는 것은
직위를 이용한 비열한 짓이다
보통 사람이 투기 행위를 하는 것은
비난받을 일이지만 일상 일어나는 일이다
명예로운 직위에 있는 사람이
바람을 피웠을 때 도덕적 치명상을 입는다
보통 사람이 바람을 피웠을 때
관심의 대상도 안 된다
결국 부유하고 직위 높고 명예로운 사람은
그만한 높은 도덕적 품격이 요구된다
같은 수준의 잘못이라도
세상의 혜택을 많이 받은 사람의 태도에 대한 비판이
날카로워지는 것은 그에 상응하는 도덕적 책임감이
따라야 하기 때문이다
또한, 어떤 잘못을 했다 하더라도
진정성 있게 사과하면 용서받을 수 있으나
변명할 때 더 분노를 일으키는 것은
양심 없는 즉 정의에 반하는 인간은
벌받아야 한다는 마음이 본성에 있기 때문이다
세상을 바라보는 정신 자세와

세상이 바라는 도덕성과의 차이가 클수록
그 사람의 품격은 커지게 된다
인간은 역사가 요구하는 시대정신에 충실할수록
순명한 소명의식으로 세상의 선과 의를 드높일수록
우주적 정신과의 합목적성에 부합할수록
그 비할 바 없는 숭고한 의미가 더 깊어진다

인간의 본성

사물의 변화가 과정상
필연적인 의미를 지니듯
인간의 본성이 스스로의 원리를 따르는 것은
영원으로의 본질적인 회귀이다
완전을 지향하며 최선을 다하는 것은
자유의지의 의무이다

사랑의 빛으로 인식되는 것은
헌신 희생과 같은 참된 선행과
진정성의 진실된 깊이이다
도저히 이룰 수 없을 것 같은
내면의 숭고한 의미를 실현할 때
존재의 원리를 이루는 사랑은 온다

한 인간의 영혼에서
신성성을 느낄 때만큼
감동을 받는 때는 없다
순교자의 영혼 앞에
무엇이 그를 해할 수 있겠는가?
신과 만나는 순결한 영혼의 영원성은
시공을 초월하여 영원히 존재한다

부끄러움

자신이 가진 것이 많다고 생각하는 사람은
부끄러움을 모르는 사람이다
이 우주에서 바닷가 모래알보다 작은 지구의
어느 한 점을 어느 한 순간 가진다는 것은
스쳐 가는 바람과 다르지 않다
자신의 권력이 막강하다고 생각하는 사람은
부끄러움을 모르는 사람이다
권력을 얻고 유지하며 지은 죄를 생각해야 하나
누리려고만 하니 죄악이 더 커질 수밖에 없다
썩은 공기와 진배없다
자신의 건강이 좋다고만 생각하는 사람은
부끄러움을 모르는 사람이다
건강할 때 병자의 아픔을 헤아릴 줄 알아야 하나
쾌락만을 추구한다
건강한 시간은 순간이다
자신의 능력이 대단하다고 생각하는 사람은
부끄러움을 모르는 사람이다
능력은 노력의 산물이지만
타고난 재능, 사랑, 배려, 열린 제도 등 덕분이기에
뛰어난 능력자일수록 세상에 환원할 수 있어야 한다
자신이 아는 것이 많다고 생각하는 사람은
부끄러움을 모르는 사람이다
우리가 알지 못하는 것들로 질서를 이루고
우리가 알지 못하는 곳으로 사라질 것이며

우리가 가장 중요한 것을 알지 못하고 간다는
숙명을 알아야 한다

부끄러움은 특히 세상적 이룸이 크다고 생각할수록
더욱더 자신이 보잘것없음을
한없이 깨닫는 마음가짐이며
깊고 멀리 더 진실하게 생각하는 것
올바른 방향을 가리키는 내면의 소리이며
더 나은 삶을 위한 지혜의 울림이고
삶의 의미를 깨닫는 순결한 영감이며
고갈되지 않는 사랑의 의미를
깨닫고 실천하는 참사랑의 마음이다
심원한 내면의 거울에 비추어
진정한 자아의 참된 모습을 통하여
영원의 정신세계에 합일하는 것은
삶을 진실되고 풍성하게 할 것이다
순간의 가시적인 가치 구조의 세상에서
채울 수 없는 욕망의 노예로 살기보다
영원의 비가시적인 가치 구조의 세상에서
충일한 삶을 살기 위한 깊은 정신을 이루어야 한다
인간의 진정한 가치는
가시적인 가치를 이루는 데 있지 않고
자신의 참된 자아 영원불변의 영혼이

영원히 존재하는 세계의
의미의 깊이를 깨닫는 데 있다

명예와 불명예

불명예를 감수하고 멀리 보아
용기 있는 결단을 할 때
결국 명예도 회복하고
얻고자 하는 평화, 사랑, 권력 등을 얻는다

명예에 연연하여 짧은 생각으로
이해관계와 타협할 때
결국 불명예를 안게 되고
예상치 못한 위험에 처한다

이 역설은 역사의 진실이다
의를 향한 희생과 용기는
인류 역사의 도도한 중심 정신이 되고
역사적 위업을 이룬다

의

의는 어떤 진리도 포함하나
진리는 어떤 의를 포함하지 않는다

의는 어떤 선도 포함하나
선은 어떤 의를 포함하지 않는다

의는 어떤 미도 포함하나
미는 어떤 의를 포함하지 않는다

의는 어떤 경우에도 진선미를 포함하나
진선미는 어떤 경우 의를 포함하지 않는다

진선미는 인간의 사유의 산물이나
의는 영혼에 주어진 존재의 근원이다

의는 정신의 궁극이며
인간에게 요구하는 신의 뜻이다

노년의 초월

고령자가 되면 인생관이
세상적인 관념에서 초월적인 관념으로 바뀐다
자신의 생명이 다하는 것을 직시하고
예외 없는 육신의 죽음 너머
진실로 가치 있는 영원한 것을 갈망한다
다양한 인생 여정에서
세상적인 것의 무상함을 깊이 느낀다
현실 세계에서 이룩한 것이 어떻든
진정한 자아와 관계가 없으며
자신의 죽음 앞에 아무 소용이 없다는 것을 깨닫는다
누구나 신 앞에 단독자로 선다

육신은 사라지나
지고지순의 명증한 정신이
아무 의미 없이 어떤 자취도 남기지 않고
그냥 허무와 무지 속으로 사라진다는 것은
최소한의 보편성의 원칙에도 위배된다
인간의 삶이 신에게 귀의하는 것이 아니라도
즉 신이 존재하지 않고
이 세상의 삶 그 자체가 모든 것이라 하더라도
선과 악 의와 불의 사이 그 우주만큼 광막한 차이가
죽음과 소멸이라는 동일한 결과로 귀결되는 것은
최소한의 일반성의 원칙에도 위배된다

인간의 삶이 신에게 귀의하는 과정이라면
삶에서 선과 의를 향한 모든 것은
그 지난한 시련을 극복할수록
헌신과 희생의 지고한 사랑을 실현할수록
소명의식과 시대정신의 사명을 구현할수록
자신의 구원과 신의 영광을 드높이는 것이 되고
삶은 영원의 가치를 지닌 숭고한 것이 된다

땀

땀을 성분으로 분석하는 것은 과학
땀을 의지로 추론하는 것은 철학
땀을 눈물로 비추어 보는 것은 시

인간과 별

우리 머리 위에는 천억 개의 은하 속에
무한 개의 별들이 빛나고
우리 머리 안에는 천억 개의 뇌세포 속에
무한 개의 신경돌기들이 빛난다
우리 몸속의 원자들은
영원의 시간을 무한의 별들을 거쳐 왔다
수소, 탄소, 산소, 질소, 철 등
동일 물질의 원자들이
유기체와 무기체에서
다른 방식으로 빛나고 있다
알고 보면
우리 모두는 서로가 서로에게 빛이 되는
빛나는 존재들이다

근원

사과를 과학적으로 아무리 분석해도
사과를 만든 생명의 힘을 증명할 수 없다
그 힘은 사과라는 생명체의 물리적 작용이라기보다
정신적 현상이기 때문이다

꽃을 아무리 분석해도
열매를 맺게 하는 생명의 힘을 증명할 수 없다
씨앗에 내재되어 있는 생명의 힘은
물질의 영역이 아니고 정신의 영역이다

별들을 아무리 분석해도
별들의 존재 방식은 증명되지만 존재 이유는 알 수 없다
인간과 별과 우주는 존재 방식이 아니라
합목적적 영원의 존재 이유를 지닌 존재인 까닭이다

창

빛을 보며 느낀 아름다움이
빛을 보지 못할 때에도
마음 어느 한편에 남아
빛을 아름다움으로 기억한다

투명할수록 한없는
사유의 깊이는
보이지 않는 깊은 것들을
마음의 거울에 비추이게 한다

빛이 마음에 비추일 때
빛의 존재 이유를 알 수 없으나
빛의 경이로운 황홀함은
빛이 우주의 근원임을 깨닫게 한다

사진과 그림

사진이 미의 정수를 향할 때
그림은 내적 혼을 드러낸다
사진이 경이를 움켜쥐는 순간
빛의 찰나의 광휘
공간의 형상의 신비는
환상적 명암을 짠다

빛깔과 형상과 명암이
이미지의 깊이를 결정할 때
사진은 그 자체가 모든 것이나
그림은 영적 광기가 스며든다
극한의 예술혼이 성스러움과
결합할 때 영원성을 담보한다

내적 통일성

시가 회화성이 짙어질 때
그림에 선율이 흐르고
시가 운율성이 고양될 때
음정에 채색할 수 있다

내면의 상상력의 구극을
상징성이 구현할 때
시는 음악과 그림과
내적 통일성을 이룬다

상징성 음악성 회화성이
전일적 융합을 이루면
존재하지 않는 것이
마음의 눈에 비추인다

확신

진리 안에서 자유롭기 위해서는
진리에 관한 내적 확신이 전제되어야 한다
지성 너머 영성에 대한 확신 없이
초월적 전체성에 대한 신념 없이
자유의 가능성을 담보할 수 없다

인간은 자신의 내면에 영원하고 무한한
정신의 우주 영혼을 지니고 있다
그 심오한 내면의 신성성을 깨닫고
그 의미를 구현하는 것보다
더 중요한 일은 없다

자신의 영혼의 영원성을 확신하는 것은
전 우주적 정체성을 확신하고
신의 완전성을 확신하는 것이며
영원의 자유를 누릴 것이기에
모든 것을 이루는 것이다

시

시는 아름다운 원경 같은 것
빛과 시간과 공간이 아득히 스며 있는
심오함과 경이로움을 느끼며
물아일체의 교감 상태에 이르게 하는 것
멀리 보고 크게 생각하는 것은
현상을 단순화하여 궁극의 상상력으로
존재의 본질을 직관케 한다
시의 목적은 사실과 현상을
묘사하는 것이 아니라
그 이면의 진실을 의미 있게 전하는 것

인간이 사물을 관조할 때 빛은
색깔과 명암만으로
그 형상의 이미지와 깊이를 결정한다
주위 환경 산란 정도에 따라
빛의 초월성은 더 분명해진다
아득히 푸른 하늘
황홀한 붉은 노을을 보라
인간은 빛의 스펙트럼의 몇조 분의 1인
가시광선만을 볼 수 있다
인간이 빛의 전체를 보고 느끼고 이해할 수 있다면…

깨달음의 단어 중에
빛과 연관된 언어가 많은 것은
빛과 인간의 정체성을 직관케 한다
인간이 빛을 어떻게 받아들이고
융합하고 맺는가에 따라
우주의 빛은 내면의 빛이 되고
빛의 다른 세계의 빛나는 존재가 될 것이다
정신을 고양시키고 결실을 맺게 하는 것은
빛뿐이다
시는 빛의 수사학이다

직관

직관은 영적 관점의 통찰력
정신의 가장 깊은 곳에서
중심을 이루는 근원적 의식
고독한 영혼의 고독한 성찰을
통해 얻게 되는 깨달음
궁극의 존재론적 고뇌이며
영원한 것에 대한 고찰

인간의 의식 속에 초자연적 교감의
도도한 흐름이 내재한다
문명 단계와 관계없이
창의적 자각을 통해 더해지는
자연과 현상에 대한 본질적 인식
학문과 예술의 창조성과 유사성에서
깨닫는 심오한 본질적 관조

선과 의를 향한 내심의 소리
세상과 세상 너머에 대한 공통 정신
이성의 빛에서 나오는 초월적 사유
내재한 불멸의 영혼이
신성을 발견하는 혜안
영적 사랑의 순수성

신성을 향한 영원성

노송

빛을 따라 비틀린 노송의 눈 시린 아름다움
뿌리는 굵은 뼈들을 드러낸 채 몸부림치고
줄기도 세상의 고뇌를 온전히 받아들인 듯
깊게 파인 주름투성이지만
세월을 인고한 기품 어린 자태와
척박한 환경을 이겨 낸 의연한 풍모

역경이 없는 성장의 허상
부족함 없는 경험의 무의미
어려움 없는 일의 소소함
고뇌의 깊이 없는 가벼움
결핍의 과정 없는 풍요의 허무
가시적 가치를 앞세운 삶의 공허

소나무가 굴광성의 절대적 본성을 통하여
고난을 극복한 아름다운 자기완성의 길을 가듯이
인간이 영원의 빛을 향한 절대적
갈망의 길을 추구할 때
깊고 원대한 삶의 의미를 실현하는
자기완성의 길을 가게 되리라

두 개의 창

과학과 신학은
진실을 보는 두 개의 창
과학은 우주의 물질적인 면
신학은 우주의 정신적인 면
과학은 존재의 원리
신학은 존재의 이유
과학의 수단은 지성
신학의 수단은 영성
우주라는 하나의 실체를 보는
수단은 다르나 목적이 같기에
두 학문은 대립 갈등이 아니라
서로 보완 지지 관계여야 한다

과학과 종교 1

과학이 알고자 하는 것과 종교가 추구하는 것은
같은 방향이나 길이 다르다
과학은 어떻게를 알면서
우주의 물질적 원리에 접근하고
종교는 왜를 추구하며
우주의 정신적 원리에 접근한다
과학과 종교는 서로의 이해를 넓힐 수 있으나
궁극의 지향점이 다르기에
영원히 평행선을 그릴 수밖에 없다
한쪽만을 확신하면 부분을 보는 것이 아닌
전체를 보지 못하는 것이다
부분을 추구하며 전체 중의 부분이라는 것을 아는 것은
진리와 내적 일치를 이룬다

과학과 종교 2

과학의 목적은 물리적 진실을
규명하고 실증하는 것
그 궁극의 목적은 신의 창조의 질서를
이해하고 그 위대함을 깨닫는 것이다
과학은 종교를 포용하지 않으나
종교는 과학을 받아들이고 지지한다
미시적으로 갈수록 과학이 분명하고 전부인 것 같으나
거시적으로 갈수록 신성의 빛을 받아들이지 않을 수 없다
과학은 신의 존재를 증명할 수 없지만
입증의 토대와 준거를 강화한다
과학의 경이로운 어떤 발견이
절대적 존재의 어느 조각이라는 것을 알게 하며
더 위대한 발견을 향해 나아가게 한다
과학자는 위대한 발견의 이면에 있는
질서의 절대적 조화와 균형
시간과 공간의 영원성 무한성
그 경이로운 창조의 순수성에서
경외감을 느끼고 절대자의 존재를 깨닫는다
우주 만물과 그 현상의 배후에 있는
신적인 요소들이 바로
궁극의 정신의 실체적 준거이다
인간은 위대한 과학적 발견들에서
우주의 정신적 원리의 주체로서
절대적 신의 존재를 깨닫고

그 뜻에 부합하는 삶을 살아야 하는 존재이다

과학과 종교 3

과학이 발달하며 우주의 구조와 원리에 대해
많은 것을 알게 되나 지식이 늘어날수록
더 많은 의문이 생긴다
알면 알수록 모르는 것이 더 많은 것은
인간의 능력의 부재가 아니라
우주의 서사적 정합성의 무한의 깊이 때문이다
그리하여 과학의 발견과 발전은 무한히 지속되는
필연적 영원성을 지닌다

인공지능, 컴퓨터 등 발전된 과학의
심도 있는 과학적 수학적 접근으로
가설 분석 검증을 통한 합리적 원리가 세워지고
누적적 지식 체계가 쌓인다
도저히 이해할 수 없을 것 같은
무한의 신비를 지닌
우주의 물리적 원리를 이해하게 될 때
인간은 경외감 너머 존재의 공포에 직면한다

지금까지 무한의 시간을 존재해 왔고
앞으로도 무한의 시간을 존재하게 될
질서 조화 균형의 절대적인 원리의 영원성에
성스러운 존재에 대한 경외감을 갖지 않을 수 없다

인간은 대자연의 심오한 숨결에서 신성성을 느끼고
자신의 삶의 의미를 구현해야 하는
성스러운 존재의 정신적 원리와
합목적적 합일을 이뤄야 하는 영적 존재이다

과학과 종교 4

과학의 창조성은 직관력과
반론 불가능한 증명 사이의 끊임없는 전쟁
고전물리학, 상대성 원리, 양자역학 등
인류는 과학을 발전시키며
점점 더 진리에 근접한다
최근에 정리된 양자역학은
보통 사람의 직관력으로 도저히 받아들일 수 없는
충격적 비국소성의 논리가 자리한다
점점 더 난해해지지만
결국 모든 과학적 원리를 통합한
통일장 이론이 발견될 것이다
그것은 무엇을 의미하는가

그것으로 끝이라면 물질적 원리는
원인 없이 존재하는 무의미한 하나의 현상이고
물질 그 자체로서 변화하고 사라져 갈 뿐이다
그러나 이 광막한 우주의 경이로움을 보라!
인간의 지성과 상상을 초월하는 비할 바 없이 원대한
무한하고 영원한 절대적 정신의 개입 없이
그토록 심오한 물질적 원리가 존재할 수 있는 것인가?
정신적 원리의 정합적 목적성은
물질의 전체적인 연결성의
전제적 필요조건인 까닭이다

수많은 위대한 발견이 영원히 이어지겠지만
예정된 필연으로서의 물질적 원리는
그것을 있게 한 정신적 원리의 필연적 결과물이다

양자역학과 창조 정신

가장 작은 것은 더 작은 것이 있기에 무가 아니고
무와의 사이를 인간은 끊임없이 알아 갈 뿐이다
가장 큰 것은 더 큰 것이 있기에 무한이 아니고
무한과의 사이를 인간은 끊임없이 알아 갈 뿐이다
극미와 극대로 갈수록 인식 이해 논증의
가능성과 그 신뢰성은 줄어든다
인간은 무와 무한의 진실을 알 수 없다
그것은 신의 영역이며
유한한 존재의 분명한 한계이다

최근에 발견한 물질의 가장 작은 단위
소립자는 양자역학의 세계이다
알 수 없는 정보와 관찰자의 의식의 지배를 받는다고 추측되나
원인을 알 수 없는 양자 붕괴에 의해
소립자가 생성되고 원자와 분자 등으로 발전한다
질량이 없는 무와 같은 양자에 의해
질량이 있는 소립자가 생성될 때
양자에 내재돼 있는 본질적 정보 또는
그것을 관찰하는 인간의 의식에 의해
소립자라는 물질이 구체적 형태화된다
우주 창조의 시원적 정신의 개입에 의해
물질적으로 무에서 유가 창조되는 것이다
본질적 정보와 인간의 의식은

시공의 지배를 받지 않고, 물질적 원리를 지배하는
정신적 존재의 원리의 한 부분이다
그리하여 이 우주는
가시적인 물질과 물질의 원리를 지배하는
비가시적인 정신의 원리가 필연적으로 동반 존재하는
양면성의 세계이다
인간은 인문과학적 사유의 깊이에서뿐 아니라
자연과학적 통섭의 깊이에 의해서도
우주적 정신의 존재를
물질을 창조하고 그 원리를 지배하는 절대적 존재를
신뢰하고 믿음을 가져야 하는 존재이다

심안

보이는 것만을 보고
들리는 것만을 듣고
감각적인 자극을 추구할 때
본능만을 따르는 삶이 된다
인간은 숭고한 정신적 존재
보이지 않는 것을 보고
들리지 않는 것을 듣고
느낄 수 없는 것을 느끼는
새로운 세계와 인식을 창조하는
세상 너머의 진실을 구하는 것
고뇌와 성찰의 고통이
내적 공간의 확장으로
삶을 영적 자각으로 이끄는
심안의 깊이를 더한다
내면의 신성성을 깨닫고
그 의미를 구현하는 것보다
더 중요한 일이 있는가?

지성과 영성

우주에서 빛과 시간을 제외한
모든 것은 변하고 영원하지 않다
빛과 시간이 중력에 의해 휘고 느려질 수 있으나
특성 그 자체는 변함이 없다
빛과 시간은
그 자체로 영원하고 무한하며
창조의 순수성을 지닌 절대적 존재이다
궁극의 과학적 원리를 발견할지라도
인간과 우주의 존재 원리를 증명할 수 있으나
존재 이유를 증명할 수는 없다
신성의 본성 그 자체인 빛과 시간이라는
정신적 존재가 이미 창조되고 주어진 상태에서
과학은 절대적 한계에 직면한다
인간의 지성이 궁극의 실현을 가정해도
과학은 거기까지이다
자유의지의 무한 책임과 시대적 소명을 지닌
인간의 영성이 궁극의 실현을 간구하며
삶의 의미를 간구해야 하는 이유이다

우연과 필연

우주의 무한의 우연 속에
우주적 정신이 현현하는
필연적 전체성 정합성은
우주의 미를 극대화하는
우주의 궁극의 본성

생명의 지적 활동이
그 우주의 아름다움을
필연으로 인식할 때
우연 속의 필연이 아닌
보편적 필연이 된다

공감

기쁨과 행복에 대한 공감보다
고통과 슬픔과 고난에 대한 공감이
깊은 근원에서 우러르는 빛과
내적 일치하는 진실된 마음

타인의 고통 세상의 고통
고통에 대한 영적 공감을 통하여
순수한 정신의 향기가 농익는
영적 능력을 발효하는 영적 숙성

슬픔의 순수를 통한 연민은
가장 깊은 아름다운 사랑
사랑의 일치감이 주는
전일적 영적 정체성의 공감

고난의 공감을 통한 영광은
고난 속의 절박한 간절함이
내면의 성스런 능력을 일깨우는
인간의 운명에 씌워진 화관

우주의 정합성

에너지의 지배를 받는 생명
생성 소멸 순환의 고리에서
변화의 정반합을 지속케 하는
물질적 에너지의 무변의 작용
영원불변의 숙명적 굴레

무한의 시공과 함께 주어진
영원의 순수 에너지 빛
속도로 시간과 중력으로 공간과
연결되는 질량이 없는
절대적 정신의 비물질적 실체

빛에 의한 유기물과 무기물
현상계의 질서 조화 균형은
전체적인 전 우주적 정체성
정신적 에너지가 필연적으로
요구되는 우주의 영원한 정합성

영혼의 거울

삶이 얼마 남지 않았거나 죽을 고비를 넘기면
인간은 삶의 의미를 진지하게 생각한다
욕심이 끼어들 수 없는 순수의 거울에
회한들을 비추어 보고 자신을 정리한다

헌신의 정도에 의미의 크기가 결정되나
생명의 절박함을 깨달은 후의 삶의 의미는
생명의 근원적 가치로 귀결되어
이 세상에서 저 세상의 가치를 찾게 된다
본래의 순전한 순수의 거울
그 영혼의 울림이 말하는 진실
무엇을 남기기보다 무엇을 가져가는가

그 많고 높은 부와 권세가 다 무슨 소용인가
영혼의 거울이 빛나지 않는다면
신성의 빛을 받아들이지 못하고
그 빛을 반사할 수 없다면

우주의 본성과 삶의 궁극적 의미

모든 것은 수명이 있다 이 우주까지도
인간의 의식에 영향을 주는
빛 시간 공간 물질 생명
다섯 가지 변수 중
시간 공간 물질 생명은 빛의 종속변수이다
빛은 자신의 속도로 움직이며
나이를 먹지 않는 영원한 현존으로
영원의 초월성을 지닌 무시간적 존재이다
무한의 빛과 시간에 의해
공간과 물질과 생명이
생성 소멸 순환의 과정을
무한히 반복하는 것이
우주의 물질적 원리이다

물질적 원리의 대서사시는
정신과는 완전히 독립적인가?
물질적 원리의 상상을 초월하는
질서 조화 균형의 초정밀성은
그 근원에서 필연적으로
상상을 초월하는 고도의 정신과의
내재적 통일성을 요한다
우연적 존재가 정신적 원리의
정밀성과 필연성을 지닐 수 없다

우주의 물질적 원리는
신성의 본성인 무한성 영원성 절대성과
필연적으로 연결되어 있고
그 창조의 순수성은
인간 영혼의 내재적 합목적성의 근원이다

인식의 한계와 정신의 미래

빛, 시간과 공간, 물질과 생명
인식 객체의 5가지 근본 요소 중
시간과 공간 물질과 생명은 빛의 종속변수로서
빛만이 순간에서 영원까지 유한에서 무한까지
인간에게 인식의 무한 스펙트럼을 제공한다

동물의 초능력 식물의 정신적 활동 같은
자연의 경이로움을 볼 때
인간의 인식 능력은 극히 제한적 감각의 의식으로
과학의 비약적 발전에도
우주의 실제적 원리의 미미한 부분만을
인식하고 상상하고 추구할 뿐이다

벌 나비의 입장에서 꽃을 찾아내고
꿀을 얻을 때의 기쁨을 어떻게 알 수 있는가
나무의 입장에서 꽃 피우고 열매 맺는
성취감을 어떻게 알 수 있는가
초자연 초능력 4차원과 같은
과학적 접근의 초기 성과에도
인간의 인식의 한계는
정신의 심원한 궁극의 잠재력을 간과케 한다

공간적으로 이 우주에는
몇천억 개의 별들이 있는 은하 같은
별 무리가 몇천억 개 존재한다
시간적으로 138억 년이 흘렀다
그 신성한 깊이에서
지구보다 몇만 년 몇억 년 앞선 상상을 초월하는
고등 생명체의 존재가 충분히 예견된다

그런 문명들 간의 교류는
빛에 의해 제한을 받는 3차원의
물리적 시공간상에서 이루어지지 않을 것이다
생각하는 인간이 만물의 영장이 됐듯
우주적 고등 생명체는
상상의 힘 정신력의 힘에 의해
교류하고 의미를 갖는 고도의 정신적 주체일 것이다
모든 물질은 그 기본 구조에서
입자와 파동의 형태를 띤 에너지 장으로 일원화된다
정신의 경우도 그 본질적 속성에서
고유의 특성을 띤 정신적 에너지 장으로 일원화될 것이다
시공간의 영원성 무한성에서 추론할 수 있는
궁극의 상상의 경우
우주의 정신적 원리는 우주의 물질적 원리와
내적 일관성을 갖는 합목적적 통일성을 지닌다

그리하여 인간의 정신의 미래는
시공간적으로 제약을 받는 물리적 원리가 아닌
우주의 정신적 원리가 지배하는 원대한 정신세계에서
고유의 정신적 에너지와 주파수를 갖고 교류하는
영원의 정신세계에 이를 것이다

인식과 이해와 판단의 문제

물질과 정신은 많은 부분이 겹쳐 있으나
알지 못하는 더 많은 고유의 영역이 있기에
대화의 깊이를 더해야 올바른 판단으로 나아간다
인식의 제한은 이해의 영역에 제한을 가하고
판단의 문제에 더 큰 제한을 가한다
인간이 보는 것은 빛의 스펙트럼의
극히 일부분인 가시광선뿐이며
듣는 것은 소리의 영역의
극히 일부분인 가청 영역뿐이고
기타 감각도 인간의 인식 영역은
극히 제한적이다
제한적인 인식과 이해의 기준에서
선과 악 의와 불의 의미와 무의미를
판단하는 것은 정확성에 의문을 가질 수밖에 없다
물리적 영역의 발전이 경이롭지만
과학이 어떻게 발달한다 하더라도
인식할 수 있는 것보다 할 수 없는 것이
알 수 있는 것보다 알 수 없는 것이
판단할 수 있는 것보다 할 수 없는 것이
상상할 수 없이 더 큰 부분을 차지한다는 것을
자각해야 한다

알 수 없으나 상상을 초월하는
온전한 인식과 이해와 판단의 완전성의 풍요로움이
우주적 서사의 정합성으로 열린 상태에서
자신의 진실된 삶의 의미를 깨닫기 위해서는
상상을 초월하는
우주적 자기 창조의 상상력을 가지고
인식의 문제를 상상력으로 극복해야 한다
모든 원인들의 근원이자 세계의 궁극적인 미래이며
정신이 지향하는 전체론적인 지향점 그 신성의 영역을
인식과 이해와 판단의 준거로 세우는 것이
한없이 맑고 한없이 깊은
신성의 빛이 비추이는 순수를 깨닫는 것이며
영적 자기완성을 구현하는 길이다

순백의 영혼

백 년 후에나 죽으리라고 생각하는 사람은
앞만 보고 달릴 것이며

십 년 후쯤에 죽으리라고 생각하는 사람은
뒤돌아볼 것이며

죽음이 어른거리는 사람은
저 세상의 가치를 이 세상에서 실현하려고 할 것이다

살아 있다는 것만으로 경외감을 느끼는
가장 낮은 자세

잃을 것이 없을 때
다 가진 것 같은 느낌

순결하고 순수한
순백의 영혼이여

정신의 위대함과 위대한 정신

언제나 영원한 현재인 것
이 순간에도 현재형으로 인식되는 것
과거, 현재, 미래에도 위대한 것

사유의 기적과 은총의 경계
원래부터 존재한 정신과
존재의 의미를 구하는 정신의 지평

물질과 정신의 속성과 본질
무한의 존재와 궁극의 인식
불변의 영원한 진실

우주적 정신의 존재와
합목적적 감응하는
인간의 위대한 정신

영적 주파수

멀리서 소리가 들려온다
아스라이 어디에서 어슴푸레하게
종소리인 듯 바람 소리인 듯
흰 날개를 단 생명의 숨결들
시공을 넘나들며
경계를 가르는 선 위에서
스스로의 뜻을 지니고
그 감미로운 선율로 다가온다

우리가 인식하는 것은
별을 바라볼 때의 빛과 같은
근원을 알기에는 너무나 멀고 희미한
최소의 빛깔과 주파수일 뿐이다
꽃과 나뭇잎에서 반짝이는 또는
돌에서 반사되는 빛과 같이
그러나 우리의 감각은 상상력은
날빛처럼 섬세하게 그 모든 것들에 깊이 다가간다

인간이 대자연을 관조할 때
내면의 직관력은
정치한 실핏줄의 모든 세포가
느끼는 것을 자각한다

인간의 영적 주파수는
우주에 충만한 생명의 숨결들
각각의 주파수와
내적 일치의 전일성을 지향한다

사후 세계에 대한 직관

대부분의 임사 체험자가
찬란한 빛의 터널과 장엄한 빛의 환희 속에
깊고 아늑한 사랑을 경험하는 것은
빛이 사후 영적 세계의 인도자요
지배자라는 것을 보여 준다

위대한 종교의 경전에
타오르나 타지 않는 가시덤불
빛으로 새겨지는 계명 같은
신적 존재의 현현은 빛으로 나타났다
역사 속의 신적 존재들의 발현도
빛의 자각으로 구현된 상태에서
하늘의 음성으로 그 뜻을 전달하였다
현대에 와서 시간과 장소와 현상이
명확하게 기록된 현현에서도
빛에 의한 예지가 이루어졌다

인간 세상이 기적의 영역에 있는 것은
인간의 정신적 실체가
신의 영역과 연결된 까닭이다
물질세계는 과학의 영역에 있음이 분명하나
정신세계는 신성의 씨앗이 깃들인

영혼과 연결되는 신성의 영역에 있다
그리하여 상상을 초월하는
비할 바 없이 깊고 풍요로운 사랑의 장이 펼쳐지는
원대한 정신세계는 필연적으로 존재할 수밖에 없다

합목적적 영원성

아픔이 슬픔으로 슬픔이 성찰로
성찰이 영적 결실로 이르는 길은
우주의 서사성과 내적 일치를 이루는
영적 인간이 지나야 할 필연적인 길이다

내면의 우주 인간의 영혼
삶의 서사적 정합성의 깊이는
실재하는 일상의 변화가 아닌
참된 사랑의 무한 책임의 깊이에 있다

영원을 간구하는 인간의 내적 의미는
영원하고 무한한 궁극의 정신
존재의 원리의 초월적 의미를 깨닫고
그 합목적적 영원성의 깊이를 더하는 데 있다

빛의 시작

영원의 시간 무한의 공간을 극소화시키면
나와 하늘과 별과 우주가 하나이다
시간과 공간이 없다면
물질과 생명은 존재와 비존재의 경계선에서
망울을 맺기 위한 수액처럼
인간이 인식하고 이해할 수 없는
모든 것의 제1원인의 관념적 대상으로
존재할 것이다

빛까지 없다면 이 우주는
완전한 무의 세계가 된다
물질과 생명도 시작과 끝도 사유와 사건도 없는
무의 존재 즉 비존재가 된다
그리하여 영원의 시간 무한의 공간의 절대성과
창조의 순수성을 담보하는
빛의 시작과 그 배후의 초월적 정신의 존재는
삶의 우주적 서사성이 필연적으로 존재하는 이유이다

존재의 사유

신이 존재한다면
신의 존재 사유에 부합하는 삶을 사는 것이요
신이 존재하지 않는다면
인간의 존재 사유에 부합하는 삶을 사는 것이다
양자는 별개가 아니라
신성이라는 영적 나무의 다른 가지일 뿐이다
신이 존재하고
존재하지 않는가의 문제가 아니라
자기 성찰의 깊이가
영적 나무의 다른 가지에 갈 수 있는가의 문제이다

호기심

이 세상에서 가장 큰 호기심은
저 세상에 대한 호기심이리라

아는 것은 아무것도 없으나
예외 없이 누구나 다 가야 하므로

저 세상에 갔다 이 세상에 온 역사상 단 한 명
죽음을 죽이고 영원을 구현한 영혼
그는 이 땅에 자신의 아버지에 관한 이야기를 남겼다

신의 나라에서 성경은 신성의 최소한
인간 세상에서 성경은 이상의 최대한

성경이 인간 세상과 신의 나라의 접점이라면
이상을 최대한 실현하며 사는 삶이
이 세상에서 신의 나라를 살아 보는 것이 된다

나누고 비우고 안으며 사는 삶이
최대한의 이익을 보며 사는 삶이 되는 것이다

보이지 않는 가치

보이는 가치만을 추구하고
보이지 않는 가치를 저버릴 때
존재의 영원성이 소멸된다

하늘이 준 시련의 시험지를 기꺼이 받아
영적 숙성으로 소명의식을 가질 때
가장 낮은 곳으로부터 신성성이 회복되며
영원의 가치가 보이는 것

예술가는 혼을 살라 불멸의 작품을 만들고
시인은 인구에 회자되는 명시를 남기며
정치가는 천명의 뜻을 새겨 역사를 바꾼다

시공의 장막 뒤 영원의 세계
결핍 부정 불의로부터의 자유
진리의 빛으로 감싸인 순수
영원의 가치에 인생을 걸라
이 세상이 영원한 삶의 시작점인 것처럼

채울수록 허무해지고

마음 깊은 사람이 얻지 않는 것은
보이는 것에서 진실로 구할 것이 없거나
그것이 중요하지 않기 때문

진실한 삶의 의미와 행복은 내면에 있는 것
그 심오한 내면의 세계는 갈망하는 자에게
그 신비한 신성성의 진실을 알게 한다

빛과 시간은 정신적 존재인가

빛과 시간은 비물질적 실체이면서 물질을 창조한다
무한과 영원 안에서 창조의 순수성을 유지하는 것은
빛과 시간뿐이다
물질은 원자의 결합 방식에 따라
물질의 형태와 특성이 결정된다
온도 압력 밀도 등 환경에 따라
다른 물질로 변하나 원자 그 자체는 변함없다

식물은 빛과 시간을 통해 생태계에서
의미 있는 결실을 맺고
인간에게 생명의 에너지를 제공한다
인간은 의미 있는 정신적 활동을 통해
창조적 세상을 이루어 간다
빛과 시간은 인간을 매개자로
창조의 원인이 되는 것이다

그리하여 모든 창조의 전체 원인인 제1원인이
우주의 정신적 원리로서
필연적으로 존재해야 할 당위성이
합리적 이성적으로 충분히 담보된다
빛과 시간은 제1원인의 창조물이며
창조의 근원적 매개자로서 정신적 존재이다

하늘의 거울

마음의 거울은 하늘의 거울
영혼의 세계에서 현실의 세계를 비추는
무의식의 세계에서 의식의 세계를 반사하는
마음의 변화를 명징하게 비추나
가끔은 더 밝게 빛나기도 하는 신비의 거울

부모의 애틋한 사랑은
잘사는 자녀에게 향하지 않고
어렵게 힘겹게 살아가지만
선한 마음, 여유, 미소를 잃지 않는
자녀에게 향한다
하늘의 사랑은
세상의 것으로 드높은 인간에게 향하지 않고
가장 낮은 곳에서 눈물겹게 살아가지만
선한 마음, 헌신, 미소를 잃지 않는
이들에게 향한다

만물이 아래로 흐르고 흘러 극에 달해
다시 오르고 올라 순환하고 이어지듯
생성 소멸 순환의 영원의 고리에서
우주를 감고 도는 영원불변의 진리
가장 높은 곳의 사랑은 가장 낮은 곳에서 극에 달한다

인간의 합리성은 왜 신의 존재를 멀리하는가?

과학의 발전은 물질문명의 발달을 가속화시켜
피상적 물질과 감성이
합리적 정신과 이성보다 앞서게 한다
자본과 기술의 독점력은 승자 독식을 강화시키고
개인의 생존경쟁을 가속화시킨다
삶의 환경이 치열해질수록 인간은 여유를 상실하고
깊게 멀리 보지 않으며 직접적인 이해관계만을 추구한다
선이 추구해야 할 궁극의 가치이나
선이 세상을 이기지 못하는 것도
쾌락이 정신을 압도하기 때문이다
가시적인 가치만을 추구하는 삶의 환경이
물질로 대체할 수 없는 소중한 것들을 잃게 한다

하고 싶은 말을 밖으로 내뱉는 사람의 말과
해야 할 말을 안으로 삭히는 사람의 말은
진정성이 같을 수 없다
기쁨으로 살아가려는 마음은 인지상정이나
기쁨은 사라지는 연기처럼 일회적이나
슬픔을 받아들이는 마음은 타고 남은 재처럼
가능성의 영속성을 지닌다
모든 이의 마음속에 비추이는 빛을 더 밝게 하는
성스러운 광휘를 지닌 정신과
욕망에 지배되어 내면의 깊이를 간구하지 않는

피상적 정신의 삶의 의미가 같을 수 없다

인생관과 세계관이 어떻든
유신론자든 무신론자든
자신을 멈춰 세우고 하룻밤 이 우주를 관조해 보라
무한의 시공 속에서 찬연히 빛나는
무수한 별들의 경이로움과
그 질서 조화 균형의 절대성에서
삶의 우주적 서사성
그 영원의 합목적성을 깨닫지 않을 수 없다
인간은 자신의 내면에 영원하고 무한한
내면의 우주 영혼을 지니고 있다
내면의 신성성을 깨닫고 그 의미를 실현하는 것보다
더 중요한 일은 없다
인간은 우주적 정신과 내적 일치를 이루는
신성의 빛과 교감하는 영적 존재로서
영원의 자기 구원을 이루어야 하는 존재이다

우주의 진실

육하원칙 중
언제 어디서 무엇을 어떻게는 물질의 영역이고
누가 왜는 정신의 영역이다
과학의 발전이 우주의 물질적 진실을 알게 한다
과학이 발견한 빅뱅 이론은 138억 년 전
한 점의 빛이 대폭발하여 우주가 출현했고
지금도 팽창하고 있다고 한다
누가 왜는 우주의 정신적 진실을 알게 한다
무에서 유가 창조됐고
무한의 공간에서 영원의 시간 절대적 질서를 이루니
창조와 질서의 정신적 주체로 신은 존재한다
신성의 씨앗이 깃들인 영혼을 지닌 인간은
그 신의 의도를 깨닫고 실현하는 것이
삶의 궁극적 목표가 된다
과학처럼 증명할 수 없으나
논리적 합리적 이성적으로 분명한 사실에
의문을 가져야 하는가?

나는 믿는다

물질현상에 개입하는 신은 없지만
물질의 존재의 근원으로서 신은 존재한다

생명의 진화에 관여하는 신은 없지만
생명의 본성을 있게 하는 신은 존재한다

자연현상에 개입하는 신은 없지만
풍성함과 아름다움을 있게 하는 신은 존재한다

인류의 역사에 관여하는 신은 없지만
역사의 궁극적 결과는 의와 선이 되게 하는 신은 존재한다

우주의 활동에 개입하는 신은 없지만
그 존재와 질서의 시원으로서 신은 존재한다

인간의 운명에 관여하는 신은 없지만
운명으로 그치지 않게 하는 정신의 원천으로서 신은 존재하고
검소하고 겸허하고 헌신적인 삶에
내적 충만이 있게 하는 신은 존재한다

인간의 행위에 응답하는 신은 없지만
간구의 끝에서 내면의 소리를 듣고 있는 신은 존재하고
숨겨진 희생의 영혼 위에
은총의 자락을 드리우고 있는 신은 존재한다

인간의 사유에 관여하는 신은 없지만
멀고 깊은 사색의 정신에 영적 통찰이 있게 하는 신은 존재하고
인간의 생사에 관여하는 신은 없지만
생사를 초월하는 정신에 영원을 예비하는 신은 존재한다

존재와 영원

빛은 생태계를 통해 열매 맺고
인간은 정신의 열매를 맺고자 한다
영혼에 다다른 빛은
죽음과 함께 소멸하는가
영혼과 함께 이어지는가

저 경이로운 우주의 그 무한의 시공의 창조성을 보며
우주의 체계에 전지적 능력이 없다고 생각하는 것이
이성적인가 비이성적인가?
우주는 우연히 존재하고 우연처럼 사라지는가?

저 아름다운 우주의 그 조화로운 질서의 절대성을 보며
우주의 배후에 초월적 능력이 없다고 생각하는 것이
합리적인가 비합리적인가?
인류는 우연히 존재하고 우연처럼 사라지는가?

마음속에서 빛나는 도덕률의 본질인 영혼이
물리적 상태에 따라 없어진다고 생각하는 것이
논리적인가 비논리적인가?
나는 우연히 존재하고 우연처럼 사라지는가?

신성의 씨앗이 깃들인 영혼은
결실을 맺고자 하는 인간의 열망으로 열매 맺어
영원의 존재로 남게 된다
존재와 영원은
물리적으로 연역할 수 있는 것이 아닌
이성적으로 귀납할 수 있는 합리적인 까닭이다

직관적 우주관

신의 의도된 시원의 에너지는 빛으로 시작되었다
무한의 에너지를 지닌 한 점의 빛 순수 에너지가
대폭발하여 우주를 만들어 가고 있다
빛은 창조의 근원으로서
물질적으로 에너지의 근원이며
정신적으로 사랑의 근원이다
과학은 우주의 실체만을 규명할 뿐
우주의 존재 이유와 의미를 알게 하지 못한다
극단적으로 높은 온도와
극단적으로 낮은 온도에서는
물질은 물성이 사라지고 시원의 에너지처럼
내재화된 순수 에너지가 될 것이기에
과학은 실체 그 이상을 알 수 없고
빛은 인간이 극복할 수 없는 심오함을 지닌다

빛나는 별들을 보며 경외심이 드는 것은
내면의 근원에 대한 본래적 열망인
시원의 빛에 대한 영원한 갈망이
내재되어 있기 때문이다
과학은 우주에 내재된 질서의 법칙들을
한 조각씩 발견할 뿐이며
그것들을 이해할 수 있는 것은 이 우주가
의도를 가지고 만들어진 존재이기 때문이다

그 절대성 순수성 완전성은
위대한 정신세계의 존재를 깨닫게 한다

빛이 없으면 시간과 공간 물질과 생명이 존재할 수 없다
그 역은 성립하지 않으므로
그 모든 것은 빛과 함께 또는 빛에 의해 창조된 것이다
시간과 공간을 빛으로 창조한
신의 의도된 창조의 지문을 통하여
우주와 인간의 존재 이유와 의미를 깨달아야 한다
물질과 정신은 전일적 연결성을 지닌 존재로
우주의 아름다움과 조화로운 질서
그 무한성 영원성을 통하여
인간은 순수하게 빛나는 신의 의지를 깨닫고
원대한 존재론적 의미를 구현해야 한다

합목적성 2

지금 이 순간 눈에 비추이는 빛은
억만년의 시간을 지닌 빛
빛의 입장에서는 그 온 기간 동일한 빛
빛은 언제나 영원한 현재인 상태에서
시간과 공간, 물질과 생명을
동일한 원리의 순수성으로 창조하고 있다

이 세상과 함께
하나의 입자에서 다중 우주까지
동일의 원리가 시작됐다
과학은 우주의 불변의 원리를 발견하는 과정
질서 조화 균형의 절대성과 영원성에
경이로움을 느끼는 것은
내면의 빛이 우주의 원리를 이루는 신성의 빛과
교감하고 경외감을 갖기 때문이다

인간의 정체성이
생성 소멸 순환의 과정에서 보이는
우주적 통일성과 내적 일관성을 지닐 수 있는가
합목적성은 어떻게 이루어질 수 있는가
인간의 정신이 우주의 정신적 원리에서
시작됐고 귀결되는 것은

만물의 정체성이 내적 일관성을 지니고
인간의 합목적성과도 일치한다는 분명한 증거이다

시간과 공간

수명이 없는 것이 없어 세상의 모든 것은
시간 안에 존재한다
공간도 시간이 스며 있어
시간이 없으면 분명 공간이 존재할 수 없다
공간이 없을 때 시간도 존재하지 않는 경우
절대적 무이다
공간이 없을 때 시간이 존재하는 경우
절대 순수의 시간으로 존재의 근원이 된다

공간의 존재에 시간의 존재는 필연적이나
시간의 존재에 공간의 존재는 독립적이다
시간의 공간성은 집약적이고 현시적이나
공간의 시간성은 암시적이고 비가시적이다
시간과 공간은 연결성을 가지나
상대적 비대칭성의 존재이다

시간이라는 비물질적 실체가
공간 속에서 물질과 생명을 일으켜
시간의 출현은 물질과 생명의
전제적 필연이 된다
그리하여 빅뱅의 특이점의 과학적 추론은
물질과 정신의 지평선 그 존재의 경계선은

상상을 초월한 정교한 질서와 균형 정향된 의도 등에서
신성의 관여의 논증적 증거가 된다

우주의 원리

물질은 시간의 지배를 받으나
물질의 원리는 시간의 지배를 받지 않는다
만유인력의 법칙, 상대성 원리, 중력, 원자의 구조 등
발견 전에도 존재했고
앞으로도 영원히 그대로 존재할 것이다

모든 물질의 원리는 수학적 구조이다
수학으로 객관적 원칙들이 증명되고
새로운 가설의 정합적 기반을 얻는다
수학으로 이루어진 물질적 진실은 그 어떤 것도
결국 인간의 지성에 의해 증명될 것이다

원인 없는 존재는 없다
현존하는 우주의 그 초정밀성 초정합성 정향성 등
질서의 절대성을 지닌 물질의 원리는
합목적적 영원성을 온전히 충족하는
우주의 정신적 원리의 필연적 결과물이다
수학적으로 완전성을 지니고
논리적으로 가장 진실되며
이성적으로 가장 합리적이기 때문이다

믿음

믿음을 갖는 것은 자신이 보잘것없음을
깊이 깨닫고 있다는 증거
자신을 낮추어 신뢰감을 주고
사랑의 선순환을 이루게 함으로
그 자체로 이미 신의 영광을 드높이는 것

세상을 바꾸기 위해 자신을 바꾸기 시작한 것으로
설령 신이 존재하지 않더라도
그것은 올바른 의사 결정
인생에서 어떤 경우에도 올바른 결정이 되는 것은
믿음을 갖는 것 이외에는 없다
시작하며 목적의 결과가 이루어지는 일은
인간이 행하는 일에서는 존재하지 않기 때문

절제와 헌신으로 온전히 의탁할 때
존재의 영원성이 무한히 확장되리라

종교

인류의 역사는 어떻게를 알아 가는 과정이며
빛과 시간의 절대성을 넘을 수 없기에
왜?를 알아낼 수는 없다
어떤 현상의 원리는 의도자의 의지를 알게 하나
그것이 그보다 더 깊은 것과 연결돼 있다면
정확한 의지를 알 수 없다
과학이 빛의 원리를 온전히 규명하면
그 자리에 신만이 남게 될 것이나
신은 정신세계의 궁극의 존재로
알아낼 수 없으므로 믿는 수밖에 없다
어떻게 믿는가는 자유의지이나
온 우주에 충만한 기운인
질서 조화 균형을 이루게 하는
그 무한성 영원성 절대성을
믿지 않는 것이 비합리적이다
신은 인간의 지성을 초월한 존재이지만
인간의 영혼에 미치는 영향은 영원하기에
인간은 필연적으로 믿음의 존재여야 한다
종교는
알고, 믿는 것이 아니라
믿고, 알아 가는 것이다

부분과 전체

자신을 다른 사람과 비교하지 말고
자신을 신과 비교하라
존재를 인식하지 말고
신 속에 투영하라
원리의 부분을 보지 말고
전체 중의 부분임을 보라
자신이 신성과 연결되어 있으며
신성의 한 부분임을 자각하라

물질은 정신의 그림자

옛날에는 믿음을 위해 순교를 하고
사랑을 위해 목숨을 버리기도 했다
이제는 돈 때문에 목숨을 버리는
천박한 세상이 되었다
부를 얻기 위해 사랑도 도덕도 인생관도
영혼까지도 버릴 뿐 아니라
그 이상의 비인간적인 일도 서슴없이 하는 세상
돈으로 할 수 없는 소중한 것이 사라져 가는 세상
과학과 물질문명이 발달하며
다양하고 실증적인 기회의 증가로
인간은 보고 느끼는 가치에 몰입하게 되고
삶을 일회적인 쾌락의 장으로 인식한다
물질이 정신에 승리하고
과학적 진실만이 진리라면
그 진실성은 차치하고
인간의 삶이 얼마나 비천해지는가

삶을 마감하는 진실의 사람에게
인생에서 가장 행복하고, 괴롭고, 의미 있는 것은
무엇이었는지를 묻는다면
결핍의 괴로움은 컸으나
부를 이루었기 때문이 아니라 그 과정에서
노력하고 헌신한 자신의 진실된 삶의 자세에 대해

의미를 부여하고 행복감을 느낀다고 대답할 것이다
부를 더 쌓지 못해서 더 즐기지 못해서보다는
사랑 헌신 용서 진실 같은
숭고한 정신적 가치에 대해
최선을 다하지 못한 아쉬움을 토로할 것이다
그것은 양심의 거울에서 빛나는
선과 의를 향한 영적 열망이
인간에게 가장 중요한 것임을 말한다
과학과 물질문명이 어떻게 발달하든 결국
정신이 물질의 그림자가 아니고
물질이 정신의 그림자이다

신의 존재와 인간의 삶

신이 존재할 수 없음을 주장한 사람은 많지만
신이 존재하지 않는다는 것을 증명한 사람은 없다
신이 존재할 수 있음을 주장한 사람은 많지만
신이 존재한다는 것을 증명한 사람도 없다
신의 속성은 존재하는 것이나 증거하는 것이 아니므로
신이 존재한다고 생각하는 사람에게는 존재하고
존재하지 않는다고 생각하는 사람에게는 존재하지 않는다

신이 존재한다고 생각하고 살았는데
사후 신의 존재가 사실이라면
신의 뜻에 합당하는 삶을 살았으므로
좋은 삶을 산 것이고
사후 신이 존재하지 않더라도
선한 삶을 산 것이기에 좋은 삶을 산 것이다
그러므로 신의 존재를 믿고 의와 선을 희구하는
사랑으로 가득한 삶을 사는 것은
어떤 경우에도 진실로 가치 있는 삶이다

섭리

신은 기쁨과 슬픔의 뿌리가 같아
　　　하나의 눈물샘을 만들었으며

신은 뜻을 깨우치게 하려고
　　　시련의 시험지를 준비했다

신은 영혼의 영원함을 알도록
　　　성찰의 경이로운 문을 열었고

신은 자신을 나타내기 위해
　　　대자연의 아름다움을 만들었으며

신은 자신을 알게 하기 위해
　　　이 세상에 무신론자를 내보냈다

신의 존재의 필연성

내면의 끝없는 무상함과 허무감
삶의 진실된 의미와 목적의
간절한 간구의 대상으로 필연적으로 요구되는
신의 존재의 필연성
생명체의 근원은 하나이며
분자 수준에서 같은 화학 작용을 통하여 생명 활동을 하는
인간과 그 외 모든 생명체

자연을 지배하는 불멸의 존재의 원리가
수학이라는 단 하나의 지적 체계를 통해
논증되고 이해 가능하다는 것은
인간의 지성보다 위대한 존재를
깨닫도록 하기 위한 의도의 정합성을
필연적으로 수반한다

세상 만물은 신의 조화로운 질서와 균형의 정신이
초월적으로 내재돼 있다
자연의 법칙 과학과 수학은 우주 어디에서든 동일하다
빛은 시간과 공간 물질과 생명의
근원이자 궁극의 실재로서
영원의 시간 무한의 공간 속에서
물질과 생명이 존재하고 발전하기 위한 우주의 필연이다

과학에서 위대한 발견이 지속될수록
우주가 합리적 법칙의 지배를 받고 그러한 법칙의 질서를
인간의 지성으로 이해 가능하다는 것은
신과 인간과 우주 사이의 연결성의 필연적 증거이다
우주를 관장하는 초월적 존재를 인정하지 않고
이 모든 필연성은 이해될 수 없기에
인간에게 신의 존재는 필연적이다

영원

영원을 보는 눈
영원을 사유하는 정신
영원을 깨닫는 영혼

푸른 하늘에서 비추이는
하얀 빛살과 지상의 은빛 물결
눈에 사무치는 맑은 바람
빛의 현현과 빛의 부재

인식의 깊이와 존재의 궁극
인간의 운명과 삶의 본질
깨닫는 순간의 영원성
깨닫는 영혼의 영원

14장

세계정부 수립

Light

Time

and

Life

합리적 정의와 관련

합리적 정의: 신의 공의 〉 인류의 공익 〉 사회의 이익 〉
　　　　　약자의 이익 〉 강자의 이익

강한 자가 약자보다 우선하여 이득을 취하는
퇴행적인 사회 구조하에서 부정부패 불공평이 만연한다
그런 사회의 정의는
강한 자가 약자의 이익을 위해 배려하는 것이다
강한 자가 사회의 이익까지 침범할 경우
그 조직이나 국가는 정통성을 가질 수 없는
부도덕성으로 결국 사라진다
더 강한 자가 인류의 공익까지 침범할 경우
인류의 정의에 반하는 불의한 세상이
역사적으로 깊은 상처를 주었으며
의미 있게 뿌리를 내린 적이 없다
세상의 정의를 위해
자유 평등 평화 등 인류의 공익을 위해
지구촌 시대의 단일 정치 체제 세계정부를 세워야 한다
인류의 행복을 위한 1차적인 선결 조건
교육 의료 식량 환경 등 경제적인 면과
2차적인 종교 문화 예술 등 정신적인 면을
가장 합리적으로 실현할 수 있는 정치체제이다
그리하여 인간의 궁극적 의미 신의 공의를 향한
삶의 합목적적 영원성을 구현할 수 있다

인류의 본성과 관련

인간은 얻고자 하는 가치가
한 단계 더 증가할 때마다
행복의 증가는 체감하는 반면
가치가 한 단계 더 감소할 때마다
고통의 증가는 체증적인
한계 행복 체감과 한계 고통 체증의
비대칭적 마음의 법칙을 소유한 존재이다
좋은 세상이 되려면
보이는 가치에 대한 과도한 욕구를 절제하는 자제력과
고통을 다스리고 마음의 평화를 얻는 여유가 요구된다

인간관계에서도 한계 행복 체감의 법칙과
한계 고통 체증의 법칙이 존재한다
인간은 자기중심적이다
아무렇지 않다고 생각되는 것도 입장을 바꿨을 때
상대방은 받아들일 수 없는 깊은 상처가 될 수 있다
좋은 세상이 되려면
자신의 작은 허물도 크게 반성하는 도덕성과
상대의 큰 허물은 작게 생각하는 배려심이 필요하다

국가 간에도 그 법칙은 존재한다
강대국일수록 다른 나라의 영토, 자원, 기술을 더 얻는다 해도

한계 부강 체감의 법칙이
약소국일수록 그러한 자원을 잃었을 때
한계 고통 체증의 법칙이 작용한다
그럼에도 현실은 정치, 경제, 군사, 외교적으로
강대국에 유리하게 약소국에 불리하게 작용하는
기회가 더 많은 구조적 문제가 있다

세상적인 가치와 인간관계와 국가 관계
나아가 삶의 모든 현상이 그렇다는 것은
인류의 태생적 부조리이다
국가 간의 힘의 논리가 인류 개개인에게 그대로 적용되는
현재의 국가 정치체제는 사라져야 한다
좋은 세상이 되려면
전쟁, 독재, 부패, 착취, 인권유린, 생태계 파괴 등
온갖 불의의 기반을 없애고
자유 평등 평화를 실현할 수 있는
전권을 가진 세계정부가 수립되어야 한다

역사적 책무와 관련

자기 이득을 위해 물불을 가리지 않는 사람은
주위에 많은 상처를 주는 사람이다
회사를 위해 앞만 보고 달리는 사람은
직원들을 많이 힘들게 하는 사람이다
국가를 위해 자신을 희생한다는 정치가는
이웃 나라와 국민에게 죄악을 범하는 사람이다

한 국가가 불의를 행하는 것이 가능한 것은
그것을 지지하는 먹이사슬 같은
그 국가의 반인륜적 국민이 있기 때문이요
그것을 통제할 수 있는 세계정부가 없기 때문이다
국가 간의 관계에서 약육강식의 법칙이 지배한다는 것은
인류의 정신문명이 동물의 생태계 수준을
벗어나지 못했다는 의미이다
극단적인 자국 중심 명분으로
이웃 나라를 침범하고 세계 정치 경제 질서를
어지럽히는 것은 인류의 비극이다
독재자와 그 추종자가 선전에 세뇌된
국민의 지지를 받으며 인류 전체에 큰 상처를 주는
전쟁을 일으키는 것이 비일비재하다

온 인류의 염원을 담아 세계 평화를 이룰 수 있는

세계정부를 수립해야 한다
국방비와 정보비 체제 유지비로
식량 교육 의료비를 대체할 때
인류의 평화와 행복은 얼마나 증가하겠는가
현재를 살아가는 우리 모두는
후손을 위해 세계 정의 실현을 위해
세계정부 수립에 최선을 다해야 할 역사적 책무가 있다

시대정신과 관련

인류가 추구하는 공통 목적
자유 평등 평화 행복을 이루기 위해서는
먼저 인간의 삶에 가장 큰 영향을 미치는
정치적 통일 즉 세계정부 수립을
이루어 내야 한다
그렇게 되어야 할 일을 방치하는 것은
사랑을 다하지 못한 삶의 후회같이
현재를 살아가는 인류 모두의 책임이다
부를 늘리고 기술을 발전시키는 것보다
현재의 시대정신은 헌신과 희생으로
좋은 세상을 물려주는 것
즉 풍요로운 정신적 토대를 물려주는 것이
모두의 사명감이 되는 것이다
인류 전체적으로 볼 때 어느 한 국가가
앞서 나가는 것은 아무 의미가 없다
인간은 육체적 정신적으로
한계 행복 체감의 법칙과
한계 고통 체증의 법칙이 지배하는
제한된 삶을 살아가는 존재이자
고귀한 정신 영혼을 고양해야 하는
초월성을 지향하는 존재이기도 하다
같은 근원에서 와서 같은 근원으로 돌아가는 운명 공동체인
인류 공동의 번영과 행복을 위해
이 시대를 살아가는 모든 사람은

세계정부 수립을 시대정신으로 마음 깊이 새겨
매진해야 할 책무가 있다

물질문명의 발전과 관련

물질문명이 발전할수록 의도와는 다르게
대부분에게 삶은 더 힘들어진다
부의 양극화가 개인, 기업, 국가 간에 가파르게 진행되어
교육 의료 의식주 등 개인의 기본적 삶을 옥죄고
기후 자원 등 환경 문제까지 삶의 질을 낮춘다
크고 강할수록 이익이 더 크므로 경쟁이 더 치열해져
궁극적으로 최후의 승자만이 살아남는다
그 승자도 생태계의 파괴로 죽게 되는
죽음의 행진이 진행된다
최후의 승자도 가장 높은 벼랑 끝에
서 있는 자일 뿐이다
과학적인 효율성을 추구할수록
경쟁의 강도는 더 세지고 획일적이 된다
생태계에서 다양성이 사라지고
마지막 강자만이 살아남았다면
그 강자는 순식간에 멸종할 것이다

물질문명의 발전은 인류에게
자유 평등 행복 같은 사상의 문제가 아니라
생존의 문제를 직면케 한다
인류 역사 이래 지금처럼 불평등하고
불합리하고 불의한 적이 있었는가?
소득도 오르지만 생존비는 더 오르고

정신적으로도 부의 독점의 가속화로
상대적 박탈감은 더 심해진다
물질문명의 발전이 인간을
더 이기적이고 불만족하고 불행해지게 한다
과학의 발달로 일일생활권이 된 지구촌에서
인류는 자유 평등 평화 행복을
합리적 이성적 인간적으로 추구할 수 있는
21세기 시대적 사명 세계정부 수립을 위하여
헌신해야 할 도덕적 책무가 있다

과학의 발달과 관련

인간의 영혼 같은
우주의 서사적 정합성에 부합하는
창의적인 정신만이 의미 있는 결과를 낳는다
물질문명은 기하급수적으로 발전하나
정신문명은 산술급수적으로 따라가
그 갭에 의해 갈수록
수많은 인간적 도덕적 문제가 생기고
인간의 삶은 어려워지고
가치관 세계관의 혼란에 직면한다
독점력에 의한 불평등
권력화에 의한 불공정성
정보력에 의한 기만성
무기화에 의한 파괴성
부품화에 의한 비인간성
등을 방지하고 인류 평화와 행복 증진
생존 환경 고양을 위해서는
과학 발전과 공유에 대한 범세계적인
합의가 이루어져야 한다

인공지능 기술을 통한 모방과 기술은
인간을 넘어설 수 있으나
예술혼이 들어가는 창의적인 작품의
아름다움을 따를 수 없다

멋있는 단어들을 넣어 만든
그림은 얼마나 섬찟한가
심오한 단어들을 넣어 만든
시는 얼마나 기괴한가
낯설고 무섭기까지 한 것은
인간의 진선미를 향한
숭고한 사랑의 정신이 없는
기계의 산물이기 때문이다
인류가 간절히 바라는 품격 있는 생존 환경을 위해
과학기술과 물질문명이 발달할수록
그것을 합리적으로 공정하게 관리할
세계정부 수립이 필연적으로 요구된다

과학기술 발전의 공정한 분배와 관련

지금 지구상에는 역사상
가장 많은 사람이 살고 있다
가장 부유한 사람
가장 멋있는 사람
가장 건강한 사람
가장 지적인 사람도 살고 있다, 그러나
가장 선한 사람
가장 의로운 사람
가장 희생적인 사람
가장 거룩한 사람은 저 세상에 살고 있다
죽음이 가까이 있다고 느끼는 어떤 때
이상하게도 설레는 것은
마음 한편 그 깊은 영혼들을
만날 수 있을까 하는 기대감 때문이리라

물질적으로 편리하고 풍요로울수록
정신적으로 불편해지는 것은 어인 일인가?
자연의 균형을 깨트리고 자원을 낭비하고
승자가 독식하고 양극화가 극단으로 치솟아
정글의 법칙이 지배하는 천박한 세상이 되고 있다
그 뛰어난 편리하고 유용한 지적 생산물들
삶의 환경 자체가 붕괴되고 있는데
그게 다 무슨 소용인가

과학기술의 발달에 의한 부가
특정 국가 특정 기업 특정의 소수자에게 집중되는 것은
인류 공동 번영과 지속성에 치명적이다
과학기술 발전의 전 세계적 공정한 분배를 위해
세계정부 수립이 필요하다

아이러니와 관련

가장 위험하고 열악한 환경에서 일하는 사람의
급여가 가장 적다
자연재해의 책임이 가장 작은 국가의 사람들이
기상 악화의 가장 큰 피해를 본다
가난한 이들을 위하여 마련된 법과 제도가
부자들이 더 많이 벌 수 있는 바탕이 된다
열성으로 책임을 다한 사람들은 피해를 보고
이기적인 사람들은 결국 살아남는다
이름 모를 수많은 희생과 배려 위에 우뚝 선 자가
탐욕의 목소리를 가장 드높인다
노동자를 위해 탄생한 공산주의 국가에서
노동자에 의해 체제 전복이 일어난다
가장 종교적인 국가들의 정치가
가장 억압적이고 폐쇄적이고 비종교적이다
인간이 사는 이 세상 모든 것은
인간의 인격과 제도의 문제이다

이 아이러니의 대부분이 편협하고 이기적인
국가라는 조직 안에서 살아야 하기 때문에 일어난다
이제 바뀌어야 한다
경제적으로 생존권에 시달리는 99%가
1%의 독점을 깨트려야 한다
정치적으로는 불평등의 정도가 훨씬 더 심각하다

역사의 대부분은 극소수의 독재자가 감독과 견제도 받지 않고
자원을 독점하고 불의하게 세상을 좌지우지하여 왔다
부정의의 역사를 끝내야 한다
21세기의 시대정신 세계정부 수립은
자유 평등 행복과 존엄한 세상의 첫걸음이다

불의의 제거와 관련

독버섯은 습하고 그늘진
어두운 환경에서 잘 자란다
세상의 독버섯도 마찬가지이다
부패하고 거짓 선전이 잘 스며드는
사회 구성원의 의식이 낮은 곳에서
끈질기게 생명력을 유지한다
혁명이 반복돼도 권력의 주체만이 바뀔 뿐
민중은 지속적으로 희생의 대상이 된다
결국 민중 스스로가 바뀌거나
외부의 요인에 의한 평화적 환경이 조성되어야 한다

모든 사람의 몸에는 암세포가 있으나
면역력이 떨어져 몸의 균형이 깨질 때에 병이 된다
역사적으로 암세포 같은 나라들이 있다
오만과 오판 끝없는 이기심으로
약자인 이웃을 침략한다
침략성이 있는 국가는
적절한 환경이 되면 또 침략하여
불의의 역사를 반복한다
극소수의 사악한 인간이
인류의 생존권을 위협하는 세상을 끝내야 한다
삶의 의미를 고양하고 불의를 제거하기 위해
필연적으로 세계정부 수립이 요구된다

총체적 난국의 해결과 관련

받아들일 수 있는 순결한 슬픔은 사라지고
받아들일 수 없는 황망한 슬픔이
시도 때도 없이 찾아온다
기술이 속도와 전문성을 앞세우고
가진 자 위주의 제도와 법이 일상을 옥죄니
세상은 벽이 높아지고 더 치열해진다
국가, 기술, 빈부, 세대 차이의 양극화가 더
심화되고, 기회의 사다리는 작아지고
인류의 보편적 가치는 취약해진다
수익성 성장성 경쟁력 효율성 등
자본 중심의 논리가 강해지고
자유 평화 인권 행복 같은 기본 권리는 제약받는다
올바르고 성실하고 착하게 살아가는 사람이
눈물을 흘려야 하는 세상은
악으로 기울어진 세상이다
그 뛰어난 정치가와 사상가가
만드는 세상이 이렇게도 살아가기 힘든 것은 어인 일인가?
방향과 방법과 전략이 없는
오히려 독재 국가가 늘어나고, 전쟁이 빈발하고
개인에서 국가까지 날 선 경쟁만 치열해지는
작금의 세상에서 인류 공동의 번영을 위해서는
정신 혁명 가치 혁명 제도 혁명이 필연적으로 요구된다
인류에게 닥친 총체적 난국의 해결을 위해
세계정부 수립이 반드시 필요하다

빛 시간 그리고 생명

1판 1쇄 발행 2025년 06월 17일

지은이 조성후

교정 주현강 **편집** 양보람 **마케팅·지원** 이창민
펴낸곳 (주)하움출판사 **펴낸이** 문현광

이메일 haum1000@naver.com **홈페이지** haum.kr
블로그 blog.naver.com/haum1000 **인스타** @haum1007

ISBN 979-11-7374-019-0(03810)

좋은 책을 만들겠습니다.
하움출판사는 독자 여러분의 의견에 항상 귀 기울이고 있습니다.
파본은 구입처에서 교환해 드립니다.

이 책은 저작권법에 따라 보호받는 저작물이므로 무단전재와 무단복제를 금지하며,
이 책 내용의 전부 또는 일부를 이용하려면 반드시 저작권자의 서면동의를 받아야 합니다.